アドラー博士に学ぶ

悩まないコツ

植西 聰
Uenishi Akira

KKロングセラーズ

まえがき

生きている限り、人は誰でも、悩みながら生きています。

仕事のこと、人間関係のこと、自分の将来のこと、家族のこと、お金のことなど、様々な悩みを日常生活の中で感じながら暮らしています
生まれてから何一つ悩みを持っていない人など、この世には存在しないでしょう。

しかし、悩みをゼロにすることはできません。

ただし、自分次第で、その悩みを小さくすることができます。

考え方をちょっと変えてみたり、違った角度からものを見たりすることで、悩みが小さくなっていくのです。

そして、悩みがあったとしても、それほど気にならなくなります。

日々を元気に、明るく、また安らぎに満ちた心で暮らしていくことができるのです。

今回、本書では、アドラー心理学を参考にし、また私なりの解釈も加えながら「悩

みを小さくするコツ」をまとめました。

アルフレッド・アドラーについて簡単に紹介しておきます。

彼は、一八七〇年、オーストリアに生まれました。その後、精神科医、心理学者として活躍しました。

同時代に生きた、フロイトやユングと並んで、心理学の三大巨頭と呼ばれてきましたが、残念ながら日本ではあまり知られていませんでした。

それが最近になって様々な書物によって紹介され、注目を集めるようになりました。

なぜ今になってアドラーが注目されるようになったかといえば、アドラー心理学には、現代人の悩みを小さくしてくれるヒントがたくさん散りばめられているからです。

忙しすぎる仕事、複雑な人間関係、家庭内での悩み、恋愛についての悩み、そんな現代人の悩みを小さくして、ほっと安心させてくれる要素が、アドラー心理学にはたくさん含まれているのです。

また、悩んでいる現代人に勇気を与え、励まし、活力を与えてくれるものが、アドラーの考え方の中にはたくさんあるのです。

さて、本来アドラー心理学というものは、それほど簡単なものではありません。精神医学として、難しい学問的要素もあります。

ただし、本書では、それをできるだけやさしく噛《か》み砕《くだ》き、一般の人にもわかりやすい内容にしました。

そのために本文の中で紹介しているアドラーの言葉も、わかりやすい形に意訳している部分があることをお断りしておきます。

読者の方々におかれましては、本書の中から一つでも、参考になった、勇気づけられた、というものを見つけ出していただければ、著者として幸いです。

著者

目次

第二章 みんなと共に幸せになれる

第三章 それでも人は幸せになれる

第四章 悩んでも立ち直っていける

第五章 ありのままでも幸せになれる

第六《ろく》章 自分の性格は変えられる

第七章 劣等感は克服できる

第八章 人への不満は解消できる

第九章 困難は乗り越えられる

第一章

人間関係の悩みは解決できる

1 相手が自分に何を望んでいるか、さらに深く考えてみる

アドラーは、「**あらゆる悩みの背景には、人間関係がある**」と言っています。

たとえば、「仕事のことで悩んでいる」という人がいます。

その「仕事の悩み」とは何かといえば、具体的には、

「上司から怒られてばかりいる」

「取引先から文句を言われる」ということです。

つまり、アドラーは、「**仕事の悩みの背景には、上司や取引先との人間関係がある**」と考えるのです。

そして、上司や取引先との人間関係の問題を解決すれば、自然と「仕事の悩み」も解消されていくと、アドラーは考えるのです。

では、そのためにどうすればいいのでしょうか？

アドラーは一つの提案をしています。

それは、「**相手の欲求を理解する**」ということです。「上司は自分に、どのような内容の仕事を期待しているのか」ということについて、よく考えてみるのです。「取引先は、いったい自分に何をしてほしいと思っているのか」ということを、深く考えてみるのです。

というのも、自分自身が「こうすれば相手が喜んでくれるはずだ」と考えていることと、相手が自分に望んでいることが食い違っていることがよくあるからです。

これが食い違ったままだと、相手を満足させることはできず、相手との関係もずっとギクシャクしたままです。

本当の意味で相手の欲求が何かを理解し、それに応えることができれば、上司や取引先を満足させられます。結果的に「仕事の悩み」も解消されるのです。

●相手の欲求に沿った仕事をする。

2 相手と気持ちを通わせることができれば、人間関係は円満になる

昇進した人は必ず一度は「部下との関係」について悩むともいわれています。部下との関係が上手くいかずに悩むのです。

さて、こういう悩みを解決するためには何が必要なのでしょうか?

アドラーは、次の三つのことを提案しています。

①相手の目で見る。

②相手の耳で聞く。

③相手が感じるように感じる。

「相手の目で見る」とは、部下が上司をどのように見ているかを理解するということです。

上司とすれば「私は部下から、憧れの存在だとみられているはずだ」と考えているかもしれませんが、実際には部下は「あんな意地悪な人間にはなりたくない」と上司

を見なしているかもしれません。

「相手の耳で聞く」ということは、自分が言っている言葉を、部下がどのように聞いているかと理解する、ということです。

上司が当然と思って出している命令を、部下は「そんな無茶なことを言われてもこまる」と思っているかもしれません。

「相手が感じるように感じる」とは、相手の感情を理解するということです。

部下は、口には出しませんが、内心では「仕事がきつい。少し仕事量を減らしてほしい」と感じているかもしれません。

そんな部下の感情を自分の問題として理解するということです。

一口で言えば、「部下と気持ちを通わせる」ということです。

気持ちが通い合うことで、部下との関係も上手くいくようになります。

●相手の立場になって、自分自身を見つめ直す。

3 相手の立場に立って　ものを考えることを習慣にする

人間関係において、「相手の立場に立ってものを考え、相手の気持ちを理解する」ということは、とても大切なことです。

アドラーは、「**相手の目で見る。相手の耳で聞く。相手が感じるように感じる**」と言いました。

このアドラーの言葉は、「**相手の立場に立つ**」という言葉に言い換えられるように思います。

自分の都合ばかりを考えていたのでは、相手が何を考えているのかは理解できません。

相手の立場に立って初めて、相手が何を考え、どう感じているかがわかってくるのです。

たとえば、職場の部下が、上司である自分を「意地悪な人間だ」ということがわか

れば、「自分で気づかないうちに、部下のプライドを傷つけるようなことを言ってい
たかもしれない」と反省することができます。そして、やさしくしてあげることもで
きます。

部下が、上司である自分の命令を、「無茶を言わないでほしい」と思っているとわか
れば、部下とよく話し合って、部下に無理がない範囲で仕事を命じることができます。

部下が「仕事がきつい」と感じているとわかれば、適切に仕事量を減らしたり、あ
るいは休暇を与えることができます。

このように相手の立場に立ち、相手の望んでいることに対応することによって、人
間関係はずっとよくなっていきます。

アドラーは、「**仕事で成功できるかどうかは、いつも相手の立場に立ってものを考
え、職場での人間関係をよくすることだ**」と言っています。

● 相手の立場に立つことで、初めて相手の気持ちがわかる。

4

他人の苦しみや悩みを、自分自身の苦しみや悩みとして考える

人間関係で悩んでいる人がたくさんいます。

「夫婦関係が上手くいかない」

「友人とケンカばかりしている」

「仕事の関係者とギクシャクしている」

「親子関係が上手くいかない」

このようなケースで、人は往々にして、相手に対して文句ばかり言います。人間関係が上手くいかない責任を相手に押しつけてしまうのです。

そして、自分の都合ばかりを主張します。

しかし、それでは、いつまでたっても相手との関係を改善することはできません。

アドラーは、人間関係を改善するために必要なのは「**共感**」だと言っています。

共感とは、「**相手が考えていること、思っていること、感じていることを尊重する**」

ということです。

「相手の気持ちに寄り添う」ということです。

お互いに、このようにして相手に共感していくことをしなければ、人間関係は上手くいかないでしょう。

戦国時代から江戸時代にかけての禅僧である沢庵《たくあん》（一五七三～一六四六）は、「人はみな自分が食べ物がなくて飢えていることばかり訴えるが、他人も飢えていることを理解しない（意訳）」と言っています。この言葉も、「人は往々にして、自分のことばかり主張して、他人に共感することがない」という意味を表しています。

言い換えれば、沢庵は、「人と人とは共感し合っていくことが大切だ。他人の苦しみや悩みを、自分自身の苦しみや悩みとして考えることが重要だ」と言っているのです。

●共感する力が、人間関係を改善する。

5 自分と相手とは、ものの見方や考え方が違っていることを理解する

相手に共感する力が、人間関係を円満にしていきます。

では、相手に共感するためには、どうすればいいのでしょうか？

アドラーは、次のように説明します。
①相手と自分の「心のメガネ」の違いを知る。
②相手の「心のメガネ」をかけてみる。
「心のメガネ」というのは、アドラー心理学の言葉です。

人は、その人ならではのものの見方をします。

その人独自のものの考え方をします。

ものの見方や考え方は、人それぞれ違っているのです。

たとえば、男と女、日本人とアメリカ人、上司と部下は、ものの見方や考え方が違っています。

そのことをアドラーは、「**人それぞれ、その人ならではの『心のメガネ』を通してものを見たり、感じたり、考えたりしている**」と言ったのです。

相手と共感するためには、まず、自分と相手との「心のメガネ」の違い、つまりものの見方や考え方が違っていることを理解することが大切だということです。

その上で、アドラーは、「**相手の『心のメガネ』をかけてみることが大切だ**」と言います。

これは、つまり、「相手の価値観に従って自分自身も考えてみる」ということです。

そうすることで、「相手は、こういう気持ちでいたのか」ということがわかります。

その結果、相手のことをより深い意味で理解できるのです。

それが「共感するということ」であると、アドラーは説いているのです。

●違いを理解することが、共感の第一歩となる。

6 相手の価値観を通して考えれば、相手の気持ちが見えてくる

ある恋人同士は、相手との関係で悩んでいます。

その理由は、デートについての、二人の価値観の違いに原因がありました。

彼女は、「毎日、デートしたい」と考えています。

しかし、彼は、「毎日会う必要はない。毎日デートすることになれば、自分の時間がなくなってしまう。デートは、週に一度で十分だ」という考えを持っています。

彼女は、そんな彼を、「あなたは私のことを心から好きではない。本当に好きなら、毎日デートしたいと思うはずだ」と責めます。

一方、彼は、「僕は君のことを本心から好きだ。君は、わがままを言っているだけだ」と反論するのです。

お互いに相手のことを好きでいる恋人同士であっても、このように価値観やものの考え方が違ってきます。そのことを、アドラーは、「**人それぞれ違った『心のメガネ』**

をかけている」と表現しました。

そして、意見が対立した者同士が共感し合うためには、「**相手の『心のメガネ』をかけることが大切だ**」と主張しました。

つまり、彼のほうは、「彼女はなぜ毎日デートしたがるのだろう」と考えることです。そうすれば、「彼女は寂しがり屋なのだ」という彼女の気持ちが見えてくるのです。

彼女のほうも、「彼はどうしてデートは週に一度で十分だと言うのだろう」と想像してみることです。そうすれば、「彼は仕事が忙しいし、自分の時間を大切にする人なんだ」ということがわかってきます。

このようにして、相手の気持ちを理解し合うことで「共感」が生まれます。

「お互いによく話し合って、お互いに納得できる解決策を探そう」という気持ちが生まれてくるのです。

共感し、話し合い、解決策を探す。

7

世代間ギャップは、「想像する力」で乗り越えていくことができる

新聞記者で、朝日新聞の「天声人語」の執筆者だった深代惇郎《ふかしろじゅんろう》（一九二九～一九七五）が、面白いことを言っています。

「老人たちは、自分が若者であった頃のことを思い出して、若者に接することができる。若者たちも、自分も老人になる時がやってくることを想像して老人に接しなければ、老人に優しい社会は生まれない（意訳）」と言うのです。老人には、昔、自分たちが若い頃があったのです。

ですから、若者の気持ちに共感することは容易です。

しかし、若者は、自分たちが老いた時の人生を経験していません。

ですから、老人の気持ちというものを理解するのが難しいのです。

ここで重要なキーワードとなるのは「想像する」ということです。

アドラーの言葉を借りれば、「**老人の目で見る。老人の耳で聞く。老人が感じるよ**

うに感じる」ということです。

つまり「老人がかけている『心のメガネ』を自分でもかけてみる」ということです。

このように老人の立場に立つことができて、初めて老人の気持ちがわかるのです。

そして、老人にやさしくしてあげることができるのです。

「老人と若者」のみならず、世代が違う相手との意志疎通がうまくいかず悩んでいる人も多いと思います。

上司と部下、あるいは親子、年齢が離れた夫婦などの関係にも、世代のギャップというものが存在します。この世代のギャップを乗り越えていくためには、相手の気持ちを「想像する」という力が必要になってきます。

そこに、相手への思いやりというやさしい気持ちが生まれてきます。

●相手の気持ちを想像してみる。

8 相手が「どういう気持ちから、そう言うか」を理解する

人間関係で悩んでいる人にとって大切なことは、まずは相手とよく話し合うことです。そして、お互いに納得できる解決策を見つけ出すということです。

その時に、注意しておきたいことがあります。

相手が言う「言葉の意味」だけを理解しようと思わないことです。

相手がなぜそのようなことを言うのか、相手の気持ちを想像してみることが大切です。そうすることで、より深く相手の内面を理解できます。

アドラーは、「**共感することが、いい人間関係を築いていく上で大切だ**」と説きました。

相手の気持ちに共感してこそ、より相手にやさしく接することができるようになります。

その意味で、「相手は、どういう気持ちから、そう言うのか」を想像してみること

はとても大切なのです。

たんに相手が言う「言葉の意味」だけを理解しようとすると、どうしても言い争いに発展していきやすいのです。

ですから、相手がなぜそのようなことを言うのかを考える必要があります。

それは、相手の言葉の裏に隠れている、相手の気持ちを読み取るということです。

それができて、初めて相手に共感することができます。

また、相手も、こちらの気持ちに共感してくれるようになるでしょう。

そうすれば、たんに言葉の応酬をするのではなく、お互いに心を通い合わせることができるようになるのです。

そのように「共感する」ということを通して、人間関係を良くしていこうというのが、アドラー心理学なのです。

言葉の奥にある、相手の気持ちに共感する。

9

「好きだから、意地悪なことを言う」のが人間の心理だ

人は、自分の本当の気持ちを、言葉として表すわけではありません。

たとえば、恋愛では、好きな相手にわざと意地悪なことを言ってしまうことがあります。

本当は、相手のことを好きでしょうがない場合でもです。

しかし、好きな相手の前に出ると、照れ臭い気持ちから、つい意地悪なことを言ってしまうこともあります。

また、会社の上司は、期待している部下に対して、厳しい言葉で接することがよくあります。

内心では、「あの人間は将来、大きな仕事を手がけるビジネスマンになれるだけの能力がある」と期待しているのです。

しかし、あえてその期待感を言葉にはせず、本人を厳しく叱ったりします。

上司とすれば、「甘やかせば、弱い人間になってしまう。厳しくしてこそもっとたくましく成長していける」という思いがあるのです。

とはいえ、意地悪なことを言われたり、厳しく叱られる側からすれば、落ち込みますし、悩ましい気持ちにかられます。

このようなケースでも大切なのは「言葉の意味」ばかりをとらえないということです。「相手がそのようなことを言うのは、どういう気持ちからなのか」ということを想像してみることです。

そうすれば、「あの人は、じつは、私のことを好きだから〜」「上司は、本当は、僕に期待している〜」ということがわかってくるのです。

相手の本心が理解できれば、もう悩むこともありません。

自分としても前向きな気持ちで相手に接することができるようになります。

●「期待しているから、厳しく叱る」と理解する。

10 相手を分析するのではなく、共感する気持ちを持つ

フランスの歴史家であるアンドレ・ジークフリードは、「反感は相手を悪く言うだけで終わる。共感だけが相手を思いやることにつながる（意訳）」と言っています。

たとえば、職場の同僚が、「ここのところ残業ばっかり。今日も残業なの」と言ったとします。

もしも、その同僚に反感を持っている場合、その同僚の気持ちを思いやることはできません。「この人は、仕事のスピードが遅い。仕事の能力がない」と悪く言うだけで終わってしまうのです。

一方で、もしその同僚に共感することができるならば、「大変そうだな。私も残業を手伝ってあげよう」という、やさしい思いやりが生まれます。

「**共感する気持ちが、人間関係を良くしていく**」というのが、アドラー心理学の考え

方です。

相手の人間性をただ分析するだけでは、その相手といい人間関係を築いていくことはできません。

その意味では、人とつき合っていく時は、反感の気持ちから相手を見ないように心がけることがとても重要です。

人は、つまらない理由から、相手に対して反感を抱いてしまいがちです。

「あの人とは、ウマが合いそうもない」「あの人の顔が、どうも好きになれない」といった具合です。

しかし、そんなつまらない反感は捨ててしまうほうがいいのです。反感を持つと、その相手の関係が悩みの種になり、悩みから解放されることはありません。

相手に共感する気持ちを持ってこそ人間関係が円満になり、幸せに生きていけます。

●つまらない反感を捨てて、人とつき合う。

11

協力していくことで、人間関係の絆が強まっていく

アドラー心理学は、周りの人たちと幸せな人間関係を築いていく上で大切なポイントを二つ掲げています。

一つには、今まで述べてきた「**相手に共感する気持ちを持つ**」ということです。

そして、もう一つには、「**相手と協力し合っていく**」ということです。

たとえば、職場の同僚が、残業続きでたいへんな思いをしているとします。

その時は、一緒になって残業を手伝ってあげるのです。

そのように、ある問題を解決するために、お互いに協力していくということをふだんから心がけていくことが、周りの人たちとの人間関係を円満にし、自分自身が幸せに生きていくためのコツにもなります。

●誰であっても「同じ釜の飯を食う」間柄だと考える。

人生では、日々、様々な問題が生じます。

その時、その問題を自分一人で解決しようと思わないことが大切です。

また、問題解決を人任せにして、自分だけは知らんぷりしていてもいけません。

会社の同僚と、あるいは家族と、また友人たちと一緒になって、協力して問題を解決していくように心がけることが肝心なのです。

協力していくことで、お互いの心の絆《きずな》が強くなっていきます。

ことわざには、「同じ釜《かま》の飯《めし》を食う」というものがあります。「たとえ他人同士であっても、協力して苦しいことを乗り越え、また一緒になって楽しみを分かち合っていくことで、お互いの人間関係の絆が強くなっていく」という意味を表しています。

家族はもちろんですが、仕事仲間も、友人も、すべて「同じ釜の飯を食う」間柄だという気持ちを持ってつき合っていくことが大切です。

まとめ

◎相手の立場になって考える習慣を持つ。
◎相手の気持ちに共感していく。
◎相手の「心のメガネ（価値観）」をかけてみる。
◎相手の気持ちを想像する能力を持つ。
◎共同作業で絆《きずな》を強めていく。

第二章

みんなと共に幸せになれる

1
自分の幸せよりも、むしろ人の幸せのために尽くしていく

次のようなアドラーの話があります。

ある日、患者の一人が、精神科医のアドラーのもとに診察を受けにやってきました。

そして、アドラーに、

「心が苦しくて悲しくて、夜眠れません。どうすれば、この苦しみから逃れられますか」と問いかけました。

アドラーは、「**人に貢献し、人を喜ばせることです。人に幸せのために自分には何ができるかを考え、それを実践していくことです。そうすれば苦しみや悲しみから解放されます**」と答えました。アドラー心理学の重要な考え方の一つに、「**人の幸せに尽くすことで、自分自身が幸せになれる**」というものがあります。

アドラーがこの患者に語りかけた言葉は、まさにこの考え方を表現したものだったのです。

●「人の幸せが、自分の幸せになる」と知る。

人は誰でも「幸せになりたい」と願っています。

しかし、自分の幸福だけを願っていると、その人は幸福になれません。

むしろ、反対に、欲求不満からくる苦しみや悲しみで心がマイナスになっていくだけなのです。

むしろ、人の幸せのために尽くすことで、自分自身も幸せになっていけるのです。

人のために貢献することで、自分自身「いいことをした」という大きな満足感が得られます。

また、周りの人たちと、温かい心を通わせていくことができるようになります。

この満足感と、円満な人間関係が、自分自身の人生に大きな幸福感をもたらしてくれるのです。

2 「我執」を捨てて、日頃の生活の中で「利他」を実践していく

仏教に「我執《がしゅう》」という言葉があります。

「自分自身のことだけに執着する」という意味です。

また、「自分が満足できれば、他の人はどうでもいい」と考えることです。

仏教では、この我執が、人間のすべての悩み、苦しみ、悲しみの根本原因であると考えます。

そして、「忘己利他《もうこりた》」を説くのです。この「忘己利他」は、天台宗の開祖である最澄《さいちょう》（七六七〜八二二）の言葉です。

「忘己」とは、「我執を捨てる」ということです。

「自分だけよければいい」という考えを捨てるということです。

「利他」とは、「人を幸せにしてあげる」ということです。

つまり、「人のために貢献する」ということです。

この「忘己利他」を実践していくことは、安らかな幸福感に満ちた人生につながっていくと、仏教は説くのです。

この仏教の「忘己利他」という考え方は、アドラー心理学の「**人に喜びを与えることで、自分自身の苦しみや悲しみから逃れられ、そして幸福感を得ることができる**」という考え方と、まったく同じものであるといってもいいでしょう。

日々の暮らしの中で、

「夫（妻）のために、私は何ができるだろう」

「部下（上司）のために、私に貢献できることはなんだろう」

「世の中の人のために、私の力を役立てたい」

と願い、そして実践していくことが、自分の人生に幸せをもたらしてくれます。

●「我執が悩みの根本原因である」と知る。

3
相手が何をしてくれるかではなく、自分に何をできるかを考える

人は、一人では生きていけません。

多くの人に支えられて生きています。

そのことをアドラー心理学は、「**共同体感覚**」と呼んでいます。

「**多くの人に支えてもらっているという安定感**」

「**たくさんの人に守ってもらっているという安心感**」

「**周りの人たちから認めてもらっているという信頼感**」

こういったものが「共同体感覚」と呼ばれるものです。

人が幸せに生きていくためには、この「共同体感覚」を持つことがとても大切な要素になってくるのです。

そして、アドラー心理学では、「共同体感覚」を得るためには、「**まずは自分自身が周りの人たちのために貢献することが大切だ**」と教えます。

アメリカの第三十五代大統領だったジョン・F・ケネディは、大統領就任の際の演説で、国民にむかって「国家が何をしてくれるではなく、あなた方が国家のために何ができるかを問うてほしい」と訴えました。

ケネディは、国家に貢献することを考え実践していくことで、その人は、国家に支えられ、国家に守られ、また国家に認められているという、いわば「共同体感覚」を得られると訴えたかったのではないかと思います。

このジョン・F・ケネディの言葉に従って言えば、たとえば、

「会社が自分のために何をしてくれるかではなく、会社のために自分にはどんな貢献ができるか」を考えることによって、会社での「共同体感覚」を得られます。

つまり、会社の同僚や上司たちによって、自分が支えられ、守られ、認められているという安心感、幸福感を得られるのです。

「共同体感覚」を得て幸せに生きていく。

4
お金や地位があっても、孤独な人は幸福になれない

自分の幸福しか追い求めない人は、やがて孤独になっていきます。

孤独感ほど、その人の悩みを大きくしてしまうものはありません。

ロシアのことわざに、「天国でさえ、一人で生きるのは耐えがたいだろう」というものがあります。

「天国のように、食べ物にも、環境的にも恵まれたところにいても、孤独な人間は幸福にはなれない。辛く悲しい思いをして生きていくしかない」という意味を表しているのです。

どんなにたくさんのお金を持っていても、自分の幸福しか追い求めない孤独な人は、悩ましい人生を送っていくことになります。

また、どんなに高い地位にある人でも、自分のことしか頭にない孤独な人は、苦しい思いで生きていくことになります。

●人に貢献すれば、孤独の苦しみから逃れられる。

人生は、もちろん、お金や地位も大切です。

しかし、お金があれば幸福になれるというわけではないのです。

地位が高ければ、それだけ幸せになれる、ということはないのです。

大切なことは、良き仲間、良き友人、良き家族に恵まれることです。

アドラーの言葉を借りれば、そのような身近な人たちと絆を強め、「**共同体感覚**」を得ることによって、初めて幸福になれるのです。この「共同体感覚」に恵まれていれば、たとえお金や地位がなくても幸福に生きていけるのです。

では、この「共同体感覚」を得るにはどうすればいいかと言えば、自分の幸福のみを考えていくのをやめて、周りの人たちの幸福のために貢献する意識を持つということなのです。

そうすれば、孤独の悩みや苦しみから解放されます。

5 物質社会にあっても、欲張りにならないように注意する

仏教に「布施《ふせ》」という言葉があります。

「人に喜びを与える」「人のために尽くす」という意味です。

仏教では、この「布施」という考え方と実践をとても重要視します。

なぜなら、「人に喜びを与えることで、自分自身が安らかな幸福感を得られる」と、仏教は考えているからです。

つまり、アドラー心理学も、仏教の考え方も、その意味では同じことなのです。

ところで、曹洞宗の開祖である道元《どうげん》（一二〇〇～一二五三）は、「布施とは、欲張らないということだ（意訳）」と言っています。言い換えれば、「自分自身は欲をすて、布施、つまり人に貢献することをモットーにして生きていくことが大切だ」と述べているのです。

この道元の言葉は、現代の社会では、より重要度を増しているように思います。

●欲を捨て、布施の大事さをモットーにしていく。

現代社会は、言うまでもなく、物質文明の中にあります。

一般的に、より多くのお金、よりたくさんのぜいたく品など、人よりも多くのものを所持することが、幸せになる方法だという考え方があるのです。

このような世の中では、人は知らず知らずのうちに、どんどん欲張りになっていきます。

人のために貢献することなどすっかり忘れて、自分の欲望を満たすことだけしか考えられなくなっていきがちなのです。

ですから、このような時代だからこそ、「欲張らない」という道元の教えを肝《きも》に命じておくほうがいいと思います。

欲張ることは、結局は、自分自身を不幸にしてしまう危険性が高いのです。

人は、人のためになることをすることによって、自分の幸福を得るのです。

6 周りの人が協力的でなくても、自分だけは貢献する気持ちを忘れない

ある女性は、恵まれない人を支援するためのボランティア団体を設立しました。一人ではできない仕事だったので、知り合いたちに声をかけ、何人かの人たちからスタッフとして手伝ってもらうことになりました。

しかし、それが悩みの種になりました。スタッフが協力的でないという理由です。あくまでボランティア活動ですから、報酬を支払えるわけではありません。その意味では仕方がないのですが、ボランティア活動に協力的な姿勢を見せないスタッフたちを見ていると、腹が立ってくるというのです。

さて、ここでアドラーの言葉を紹介しておきます。

「他の人たちが協力的でなくても関係ない。あなた自身は、貢献していくという生き方を忘れてはならない」というものです。ボランティア活動に参加した他のスタッフ

たちが協力的でないという場合、それを悩ましく思う気持ちは理解できます。

しかし、そのために自分自身が、恵まれない人を支援するという意欲を失ってしまわないようにすることが大事なのです。

他のスタッフたちが協力的であろうがなかろうが、「恵まれない人を支援していきたい」という自分自身の決意をしっかり持っていることです。

それが結局は、自分自身の幸福感につながっていくのです。

また、たとえば職場で、「自分は会社のために一生懸命尽くしてがんばっているのに、周りの同僚たちは仕事に協力的でない」という場合もあるかもしれません。

この場合も同じです。周りの同僚に関係なく、自分は会社に貢献するという思いを貫いていくことです。そこでやる気を失わないことです。

そうすることで会社から認められ、結局は自分の幸福を実現できるのです。

●「協力的でない人間は関係ない」と心に決める。

7 心の居場所を失った人間は、精神のバランスを崩しやすくなる

アドラーは、精神を病んだり、アルコール中毒になる人には、心の居場所がない人が多い、と言います。

「心の居場所がない」とは、たとえば、次のようなことです。

「家庭の妻」という立場はあるのですが、夫から相手にされず、子供たちからも無視されて、家庭の中で強い孤独感を感じているような女性です。

こういう女性は、やがて孤独感に堪えられなくなって、精神を病んだりアルコール中毒になるケースが少なくないのです。

また、会社に所属しているのですが、何らかの理由で同僚たちから軽蔑《けいべつ》され、上司からも見放されてしまって、完全に孤立してしまっている人もいます。

こんなタイプの人も、孤立感から精神のバランスを失っていくケースが多いのです。

つまり、「心の居場所がない」というのは、

「周りの人たちから相手にされなくなること」

「自分にやさしい声をかけてくれる人がいないこと」

「これといった仕事を与えられず、無視されること」

「周囲から、『あの人はいてもいなくても同じだ』とみなされること」

「組織の中で完全に孤立してしまっていること」

などを意味する言葉なのです。

アドラーは、このような孤独感、孤立感から逃れる方法は、「**他者に貢献することだ**」と言います。

家族や、仕事の同僚のために尽くす意識を持ち、それを実行するのです。

そうすれば、周りの人たちから必要とされる存在になれます。頼み事をされたり、仕事を任されます。そうすることで自分の居場所を確保できるのです。

●人から必要とされる人間になる。

8 人を自分の言いなりにしようと思うから、自分が孤立していく

人に対する支配欲が強い人がいます。

たとえば、仕事上の部下などに対して、相手に自主性を認めず、自分の思い通りに動かしたい、という欲求が強い人です。

また、妻や子供に対して、相手がやりたいと思っていることを認めず、自分の言いなりにさせたい、という欲求が強いです。

言い換えれば、わがままで、我が強く、自分勝手な性格の持ち主です。

このようなタイプの人は、幸せにはなれない、とアドラーは指摘します。なぜなら、このタイプの人たちは、相手のことよりも自分のことを優先して考えるからです。

相手の幸せのことなど念頭にないからです。

ですから、「共同体意識」が低いのです。

周りの人たちから反発心を買い、やがて組織や家庭で誰からも相手にされなくなっ

て、孤立していきます。

そのために不幸になっていくのです。

人間関係について考える時、アドラーは繰り返し、「**人に貢献することの大切さ**」を説きます。

人に貢献して「**共同体意識**」を高めていくことで、幸せな人生を実感できるようになる、とアドラーは説きます。

このケースでも、人を自分の言いなりにさせたいという欲求を捨て、相手の自主性を尊重し、相手の希望を叶える手助けを積極的にしていくことが大事なのです。

そうすることで、自分自身という人間は、周りの人から愛され大切に扱われるようになります。

その結果、幸福になれるのです。

相手は夢を叶えるための手助けをする。

9

他人から幸福を奪おうとすれば、自分自身が不幸になる

他人の人生を羨《うらや》ましく思い、「他人の幸福を奪いたい」という欲求に強くかられる人がいます。

たとえば、女友だちに彼氏ができます。とてもステキな彼氏です。それを羨《うらや》ましく思い、その彼氏にひそかに女友だちの悪口を言って、その彼氏を自分のモノにしようとする人です。

また、会社の同僚が、大きなプロジェクトに抜擢《ばってき》されます。それを羨ましく思い、彼の陰口を言いふらすなどして足を引っ張り、そのプロジェクトから引きずり降ろして、ちゃっかり自分がプロジェクトの一員の座を奪おうとする人です。

このような人も、幸せになることができない、とアドラーは言います。他人から幸福を奪おうとする人は、幸福になることはできないのです。

自分の幸福のために、人の幸福を願う。

人に幸福を与える人間になって、初めて自分も幸福になれます。

その意味では、たとえ女友だちの彼氏を奪ったり、同僚の地位を奪うことができたとしても、その人は決して幸福にはなれないでしょう。

多くの人から、そういう嫉妬深い一面があることを見抜かれて嫌われてしまうことになるからです。

また、「あの人はズルイ人だ」という悪評を散々立てられて、結局は自分もプロジェクトからはずされて、もっと悲惨な目にあうことになるのです。

彼氏ができた女友だちや、プロジェクトに抜擢された同僚を心から祝福し、そしてその人の応援をしてあげるように努力することが大事です。

そうすればみんなから応援してもらえます。その結果、幸せになるチャンスを得られます。

10 同じ行為でも、不幸になる人がいれば、幸福になる人もいる

「家《うち》の鯛《タイ》より隣《となり》の鰯《イワシ》」ということわざがあります。

これは、「人にはとかく他人の持っているものを羨《うらや》ましく思う気持ちがある」という意味を表しています。

自分はタイを食べているのです。隣の人はイワシを食べています。

そうすると、隣の人が食べているイワシのほうが美味《おい》しそうに思えてきます。

イワシを食べている人が羨ましく思えてきます。

そこで、「私のタイと、あなたのイワシを交換してもらえませんか」と頼みます。

そのために、タイよりもずっと味が落ちるイワシを食べることになるのです。

このことわざは、「他人の持っているものを羨ましく思えば、結局は自分が損をする、不幸な目にあう」ということを意味しているのです。

ただし、次のようにも考えることができるのです。

タイを食べている人が、イワシを食べている人に、「この人にもぜひ美味しいタイを食べさせてあげたい」という思いから、「私のタイと、あなたのイワシを交換してもらえませんか」と頼んだとしたら、どうでしょうか。

隣の人の「ありがとうございます」という感謝の言葉に、本人もうれしくなるでしょう。喜んでタイを食べる隣の人を見て、自分は幸せな満足感を得られるでしょう。

たとえ同じ行為であっても、相手を羨ましく思う心がある人は、不幸を味わいます。

しかし、相手を喜ばせてあげたいという気持ちがある人には、幸せがもたらされるのです。

これもアドラーの教えに関わる話として参考にしてほしいと思います。

貢献する気持ちがあれば、損をしても幸福になれる。

11 人間関係は面倒臭いが、それでも人とつき合っていく

人間関係とは、誰にとっても本心では、面倒臭く、厄介《やっかい》なものではないかと思います。

フランスの言論人であり政治家でもあったジラルダン夫人（一八〇六～一八八一）は、「人間嫌いになる者は、ある意味、正直者である」と言っています。

「意見の食い違いがあったり、気持ちのすれ違いがあったり、誤解されることがあったり、理由もなく相手から嫌われることがあったりと、そんな面倒臭くて厄介な人間関係に嫌気が差して、人間嫌いになっていく人は、ある意味、自分の気持ちに正直な人だ」と、ジラルダン夫人は言っているのです。

実際に、人間嫌いになって、人づき合いを避け、できるだけ人に会わないようにし、人に会うことがあったとしても、こちらから積極的に話しかけるようなことはしない人もいるのではないでしょうか。

できるだけ世の中と関わらないようにして、引きこもりのような状態になっている人もいるかもしれません。

しかし、アドラーは、「**人づき合いを避けたがる、このようなタイプの人は、幸せにはなれない**」と言います。実際の人間関係はどんなに面倒臭く厄介なものであろうとも、それでもなお多くの人とのつき合いを持ち、人に貢献していくことをしていかなければ、幸福になるチャンスは得られないのです。

人嫌いとなって孤立した生活を続けていけば、結局は、その寂しさや孤独感から自分が不幸になっていくだけなのです。

たとえ、人間関係が面倒臭く厄介なものであっても、人に貢献することで自分自身が大きな喜びが得られれば、そのほうがずっと幸福だと感じられるのです。

●「人嫌いになれば、結局自分が不幸になる」と知る。

まとめ

◎人のために貢献していく人間になる。
◎「我執」を捨てて、「利他」で生きていく。
◎非協力的な相手にも、貢献する。
◎人を、自分の言いなりにしようと思わない。
◎自分自身の「心の居場所」を確保する。

第三章

それでも人は幸せになれる

1 暗い色メガネをかけているから、世の中が暗く見えてくる

「この世の中はすばらしい。楽しいこと、面白いこと、興味深いことに満ちあふれている」と言う人がいます。

一方で、まったく同じ世界であるにもかかわらず、「この世の中は、まっ暗闇だ。苦しいこと、辛いこと、やりきれないことばかりだ」という人もいます。

どうして人によって、このような認識の違いが出てくるのでしょうか。

アドラーは、次のように説明します。

「色つきメガネをかけている人は、その色に染まった世界を見ています。しかし、自分がメガネをかけていることも気づかないでいます」

「世の中はすばらしい」と考える人は、明るい色のレンズのメガネをかけているのです。ですから、世の中のことはすべてキラキラ輝いて見えてくるのです。「世の中は、まっ暗闇だ」という人は、自分では気づかないうちに、暗い色のレンズのメガネをか

けているのです。

どんな色のメガネをかけるかは、じつは、自分次第です。

どうせなら、明るい色のメガネをかけて生きていくほうが、前向きな気持ちで、充実した人生を送っていくことができます。

アドラーは、「**メガネをかけ換える**」ことを勧めました。つまり、世の中をネガティブにしか見えないという人は、早く自分が暗い色のレンズのメガネをかけていることに気づき、明るい色のメガネにかけ換えるほうがいいのです。

具体的に言えば、日頃から、物事の楽しい面、面白い面を注目するように心がけていくことで、世の中をポジティブに見る習慣が身についてきます。

そうすれば、日々、悩ましい気持ちを抱えながら暮らしていくこともなくなります。

人生をもっと愉快に楽しめるようになります。

●物事の楽しい面、面白い面を注目して暮らす。

2 どんな日であっても、意識の持ち方次第で「すばらしい日」になる

禅の言葉に、「日々是好日《にちにちこれこうじつ》」というものがあります。

一般的に解釈すれば、「毎日毎日、一日一日、すばらしい日ばかりだ」という意味です。

しかし、実際には、どんな日であっても「すばらしい日ばかりだ」とは言えません。仕事で失敗して、上司に叱られる日もあります。プロポーズを断られて、落ち込む日もあるでしょう。楽しみにして行ったレストランが、たまたま休みだったという日もあります。このような日が、果たして「好日」、つまり「すばらしい日」だと言えるのでしょうか？

この禅語は、じつは、「本来であれば思い悩んだり、落ち込んだりする、どのような日であっても、自分の気持ちの持ち方次第ですばらしい日になる」と教えてくれているのです。

仕事で失敗して上司から叱られても、「今日はいい勉強になった。これで一つ成長できた。今日はすばらしい日だ」と考えることもできるのです。

プロポーズを断られて、「これで、もっといい人とめぐり会うチャンスが生まれた。今日はなんていい日なんだ」と、楽天的に考えることもできます。

レストランが休みだったとしても、「これまで行ったことのないレストランを探す楽しみをもらえた。本当に今日という日は、楽しい日だ」と思うこともできるのです。

このように、自分の気持ちの持ち方次第で、まさに「日々是好日」、つまり「どんな日であっても、すばらしい日」にすることができるのです。

アドラー流に言えば、「**メガネをかけ換える**」ことによって、人生のあらゆる出来事にすばらしい意味を見つけ出すことができるのです。

「メガネをかけ換える」とは、「物事を楽天的な角度から見る」ということです。

●楽天的な見方で、物事のいい面を見ていく。

3 自分が「幸せになる」と決めれば、人生はその通りになる

もしも、今、自分が治ることのない病気にかかっているとしたら、どういう思いになるでしょうか。

絶望的な気持ちになり、泣き叫んだり、誰かに八つ当たりして過ごすでしょうか。それとも、これまで自分を支えてきてくれた家族や、お世話になった人に感謝しながら、心静かに過ごすでしょうか。

アドラーは次のように答えます。

「不治の病にかかった時、天を恨んで泣いて過ごすか、周りの人に感謝して心安らかに過ごすかは、それは自分で決めることができる」

アドラー心理学に「**自己決定性**」という言葉があります。

「自分の人生は、自分で決められる」ということです。

「不治の病にかかる」といったような不幸な出来事に直面すれば、絶望的な気持ちになるのが当たり前です。

しかし、そのような不幸な出来事に見舞われたとしても、自分自身が「人に感謝し、心安らかに生きていく」ということを選択するならば、自分が決めた通りそのような生き方ができる、とアドラーは言っているのです。

言い換えれば、「運命に負けてはいけない」ということです。

運命は、時として人に様々な試練や不幸を与えます。

しかし、自分が「それでもなお私は幸せな気持ちで、心安らかに生きていく」と決めれば、その通りの人生を実現できるのです。

人生は自分次第なのです。

自分次第で、運命を好転させることもできるのです。

●「すべては自分次第だ」と知る。

4

「上司が〜」を、仕事にやる気が出ないことの言い訳にしない

アドラーが面白い指摘をしています。

神経質でガミガミと口うるさい親に育てられて、性格的にすっかり暗くなり、積極性を失っていく子供がいます。

一方で、同じようなガミガミと口うるさい親に育てられながらも、「僕はあんな親のような人間にはなりたくない」と考え、人にやさしい、のびやかで明るい性格の人間に成長していく子供もいます。

もちろん子供の成長には親の影響があります。

しかし、最終的に「暗く、積極性のない人間」になるか、「のびやかで明るい人間」になるかは、人それぞれが自分で決めている、とアドラーは指摘するのです。

アドラー心理学の基本は、「**自分がどのような生き方をするかは、自分自身で決められる**」という点にあります。

たとえば、会社の上司が、細かいことにガミガミと口うるさい人だったとします。そのために、すっかりやる気を失って、上司への文句ばかり言っている人がいます。

一方で、「自分はあんな人間にはなりたくない」と、そんな上司を反面教師にして、失敗を怖れずに、のびのびと前向きに仕事に励む社員もいます。

「文句ばかり言っている社員」になるのか、「のびのびと仕事に励む社員」になるのかは、その人が決めることなのです。

職場の上司がどんな人間でも、そういうことには関係なく、自分自身が「のびのびと仕事に励む社員」になろうと思えば、その思い通りの人間になれるのです。

仕事へのやる気が出ないことを、「上司が、ああだから、こうだから」と言い訳する人がいます。上司は関係ないのです。

あくまでも自分自身の問題なのです。

●自分自身が「のびのびと明るい人間になる」と決める。

5 その気になって、つまらない生活を楽しい暮らしに変えていく

ある女性は、夫の転勤に合わせて東京を離れ、地方の田舎で暮らすことになりました。

しかし、生まれてからずっと東京の都会で暮らしてきた彼女は、田舎の暮らしがイヤでたまりません。

毎日のように実家の親や友人に電話をして、「田舎暮らしは退屈だ。つまらない」と嘆いてばかりいます。

そのために、すっかり落ち込んでしまって、生きる意欲を失っていると言います。

確かに、都会に生まれ育った人は、「田舎暮らしはつまらない」と感じるものなのかもしれません。

しかし、田舎暮らしにも、いい面がたくさんあります。自然が豊かですから、そういう環境の中で散歩を楽しんだり、あるいは山登りや海でのスポーツにチャレンジし

てみることもできます。

その土地ならではの食材も豊富ですから、そういう食材を使って料理を作るということもできます。

「イヤだ。つまらない。退屈だ」と、否定的な面ばかりに目を向けるのではなく、もっと楽天的に物事を考えて、自分自身がその気になりさえすれば、田舎暮らしを楽しむこともできるのです。

大切なのは、自分が人生を楽しむ気になるかどうかです。

楽しむ気になりさえすれば、田舎暮らしのいい面がたくさん見つかってきます。

田舎暮らしのいい面を生かして、その中で自分らしい充実した生活を送る方法が次々と見つかります。

何事も、自分次第なのです。

●田舎暮らしのいい面を発見する。

6 どうせなら自分が幸せになっていく人生の選択をする

ある男性は、会社での派閥争いに巻き込まれて、重要ではない部署へ左遷されてしまいました。

それからというもの、これといった仕事もなく、「いったい僕は、こんなところで何をしているんだろう」と、自分自身が情けなく思えてくることもありました。

「まるで地獄に突き落とされたように思われて、毎日の生活が辛くてしょうがない」と言うのです。

しかし、自分の意識の持ち方を少し変えるだけで、そんな「地獄のような生活」を天国に変えることもできます。

彼は、「これといった仕事がないのが辛い」と言います。

やりがいのある仕事がないのなら、これを機会に、趣味や勉強に生きがいを見い出すということもできます。

きっと残業などせずに定時には退社できるでしょうから、アフターファイブの時間を利用して、趣味の集まりや勉強会に積極的に参加して、プライベートの楽しみを見つけるようにするのです。

そこから自分の新しい人生が見つかるかもしれません。

そうなれば、プライベートの時間を十分に確保できる今の職場を、それこそ天国のように感じるようになるでしょう。

地獄のような生活の中でウジウジ悩み続けるか、それとも発想を転換して、新しい生きがいや楽しみを見つけ出すようにするかは、自分次第で決められるのです。

自分がその気になれば、新しい生きがいや楽しみに出合うチャンスがどんどん生まれます。

どうせなら、自分が幸せになっていく人生の選択をするほうが賢明です。

●仕事が暇なら、プライベートを楽しむ方法を探す。

7 地獄と天国は、自分自身の心の中にあると知っておく

「地獄極楽《じごくごくらく》は心にあり」ということわざがあります。

「自分自身の心の持ち方次第で、この世の生活は地獄のように辛いものにも思えてくるし、極楽のように楽しいものにも感じられてくる」という意味を表しています。

年収二百万の生活を、「これでは、やりたいことが何もできない。海外旅行にも行けないし、ぜいたくもできない。こんな生活は地獄だ」と思う人もいます。

一方で、「海外旅行にも行けないし、ぜいたくもできないかもしれないが、やさしい家族や、いい友人に恵まれているから、私にとっては天国だ。それに、年収二百万の生活でも、自分らしく生活を楽しむ方法はたくさんある」と言う人もいます。

「年収二百万の生活」自体は、天国でも地獄でもありません。

その生活を地獄と思う人もいれば、天国と感じる人もいるというだけの話なのです。

すべては、「自分自身の心の持ち方次第だ」ということです。

人生では、自分の願いとは裏腹に、やむを得ない理由から苦しいことを強いられることも少なくありません。年収一千万円の生活を望んでいながら、年収二百万の生活しかできない場合もあるでしょう。第一線でバリバリ働くことを希望していても、重要でない仕事に回されてしまうこともあります。

そのような時、自分の願いとは違うことだからといって、「こんな生活は地獄だ」と嘆いてばかりいても、幸せはなれません。

幸福を得たいのであれば、その生活を受け入れて、その生活の中で生きることを楽しむ方法を考えることが大切です。

その際大切なのは、物事のマイナス面に意識を奪われるのではなく、プラス面に意識を向けるということです。つまり、楽天的に物事を考えるということです。それができれば、望みに叶わない生活であっても、人生を天国に変えることができます。

プラス面に意識を向け、楽天的に考える。

8

「負の注目」を集めても、自分がみじめになっていくだけ

「人に注目されたい」と思うのは、多くの人が共通して持っている欲求でしょう。

たとえば会社で働く人であれば、この「注目されたい」という欲求から、一生懸命になって仕事に取り組むと思います。

抜群の業績を上げ、取引先やお客さんから称賛され、やりがいを持ってイキイキと働く姿を見せることによって、周りの人から注目されたいと思うのです。

しかし、思うように業績を上げられない人もいます。

そのような人の中には、実績を伸ばすためにがんばっていくことをあきらめて、別の方法で注目を浴びようとする人もいます。たとえば、上司に反抗的な態度を見せたり、会社の方針にわざと逆らうことをして目立とうとします。

アドラーは、「**人は正しいやり方で注目を集めることができない時、場合によっては負《ふ》の注目を集めようとする**」と述べています。

アドラーが言う「負の注目」とは、まさに「反抗的な態度や、わざと逆らうようなことをして、人の注目を集めようとすること」なのです。

そして、アドラーは、「**そのような負の注目を集めようとすることは、自分自身をみじめにするだけだ**」と言うのです。

反抗的な態度や、わざと逆らうようなことをすれば、時として周りの人の注目を集めることができるかもしれません。

ただし、注目は集められても、称賛は得られないのです。周りの人たちは、その人を冷たい視線で眺めるだけだからです。

ですから、結局は、自分自身がみじめな思いをすることになるのです。

「正しいやり方で注目を集めること」ができてこそ、初めて称賛が得られます。

「正しいやり方」とは、精一杯がんばって仕事に取り組むということです。

正しいやり方で注目を集める。

9 「正しい生き方」自体に、大きな価値がある

人生で大切なことは、必ずしも、大きな成果を出すことではありません。画期的な偉業を成し遂げて有名になることでもありません。大きな成果を出して、成功者として名声を得ることでもありません。

自分ならではの夢や希望に向かって、誠実に一生懸命努力していくことが、人の生き方としてもっとも大切なことなのです。

時に、人によっては、人間にとってもっとも大切なことは「有名になること」「名声をえること」「成功者になること」だと考えて、そのためにずるいことをしたり、人に迷惑をかけたり、不正を働いたりする人もいます。

そうやって、有名になったり、名声を得たり、成功者になることができる場合もあるかもしれません。しかし、それはアドラーが言う「**負の注目**」なのです。正しいやり方で注目を集めているわけではないのです。

その結果、その人は、結局は周りの人たちから冷たい視線で見られるようになり、また軽蔑されるようになります。

やがて、自分自身がみじめな思いをしていくことになるのです。

宗教家であり文筆家だった内村鑑三《うちむらかんぞう》（一八六一～一九三〇）は、「正しく生きることは、仕事の成果を出すことよりもずっと価値がある（意訳）」と述べています。この言葉は、アドラーの考え方と相通じるものがあります。

たとえ、ずるいことや悪いことをして成果を出し、多くの人の注目を集めることができたとしても、それは何の意味もないのです。

それどころか、いずれ自分自身の人生に悪い影響を及ぼすことになるのです。

たとえ成果を出せず、有名になれず、名声を得ることができなくても、正しいやり方で、まじめに生きていれば、そういう生き方自体に価値があるのです。

●有名になることより、正しい生き方を考える。

10 わずかな才能であっても生かし方次第で、大きな可能性を生み出す

アドラーは、「**人間にとって重要なことは、何を持って生まれてきたかではない。与えられたものをどう生かすかだ**」と言っています。

たとえば、生まれながらに飛び抜けた才能に恵まれた人がいたとします。

しかし、「生まれながらの才能があるということが重要ではない」のです。

「**その才能を、自分自身がどう生かしていくかが重要だ**」と、アドラーは考えるのです。

「十歳で神童、十五歳で秀才、二十歳過ぎればただの人」という言葉があります。子供の頃は、持って生まれた才能によって、周囲から注目されることもあるのです。

しかし、自分自身がその才能を生かしていく努力をしていかなければ、自分という人間は成長していきません。

才能を生かしていく努力を怠《なま》けると、「ただの人」になってしまうのです。

つまり、アドラーが言うように、才能をどう生かすかが重要なのです。

一方で、わずかな才能にしか恵まれなかった人がいたとしましょう。

しかし、それを嘆《なげ》く必要はないのです。

たとえ「わずかな才能」であっても、本人がそれを生かす努力を続けていけば、大きなことを成し遂げられるのです。

わずかな才能であっても、本人の生かし方次第では、大きな可能性を生み出すのです。

才能は「生かす」ことが大事だと知る。

まとめ

◎世の中をポジティブに見る習慣を身につける。
◎楽観的な考え方で、悩みを小さくしていく。
◎「幸せになる」と、自分自身で決める。
◎人のせいにしないで、自分で解決していく。
◎自分に与えられているものを生かしていく。

第四章

悩んでも立ち直っていける

1 「負の感情」と上手くつき合える人ほど、幸せになれる

一人の人間の中には、様々な感情があります。

喜び、達成感、共感、うれしさ、楽しみ、といったポジティブな感情もあります。

その一方で、怒り、嫉妬、悲しみ、不機嫌、といったネガティブな感情もあります。

人が幸せになっていくためには、もちろん、喜び、楽しみといったポジティブな感情を大切にしていかなければなりません。

しかし、だからといって、ネガティブな感情をそのまま放置しておいていいというわけではありません。怒りや嫉妬といったネガティブな感情と、どのようにつき合っていくかということも、幸せになっていくためのとても大切な要素なのです。

アドラーは、「**負の感情（怒りや嫉妬といったネガティブな感情のこと）も、自分のパートナーである**」と言っています。「パートナーである」というのは、言い換えれば、「上手につき合っていかなければならない相手である」ということです。

たとえ負の感情が生じることがあっても、上手につき合っていくことができれば、それに振り回されることはありません。

また、負の感情を利用して、それを自分の成長に役立てることもできます。

しかし、もしつき合い方を間違ってしまったら、負の感情は自分自身に様々な悪影響を及ぼすことになるのです。

負の感情と上手につき合っていくコツは、次の二点です。

* 負の感情が生まれる原因を自分自身が理解する。
* 原因を解決するために話し合う意識を持つ。

アドラーは、負の感情が生まれる背景には人間関係があると考えます。従って、「**相手との話し合いによって負の感情を解消していくこと**」が、アドラー心理学の基本です。

●人との話し合いによって、負の感情を解消する。

2 いくら怒っても、何の解決策にもならないと知る

アドラーは、「子供の心理」について熱心に研究した人物でした。

そのアドラーは次のように言います。

「子供は感情的になることでしか、自分の思いを大人に伝えることができない」

たとえば、子供が親に向かって急に怒り出します。それは、怒りという感情によって、親に不満があることを伝えようとしているのです。そして、怒りという感情によって、親を自分の思い通りに動かそうとしているのです。

たとえば、子供が親に、アイスクリームを買ってほしいとねだりますが、親から拒否されます。

そのような時、子供がワァーワァー泣き出すのは、アイスクリームを買ってくれない親に不満があるからです。

また、「しょうがないわね。アイスクリームを買ってあげるわよ」と言わせたいか

らです。

しかし、こういうやり方は、子供だから許されるのです。大人には許されません。アドラーは、「**大人になってからも、感情で人を動かそうとするのは子供じみた幼稚な考えだ**」と言います。

たとえば、ガンガン怒ることで、部下を自分の思い通りに支配しようとする上司です。また、激しく怒ることで、自分の要望を押し通そうとするクレーマーです。このような人たちは、アドラーに言わせれば、「**子供じみた幼稚な人**」なのです。

なぜなら、怒って要望を通しても、人間関係が悪化するからです。

大人はコミュニケーションが発達しています。

そんな大人にとって大切なことは「話し合う」ということです。

話し合って、お互いに納得できる合意点を見つけ出すことが大切です。

●怒ることよりも、話し合うことを心がける。

3 一時の感情にとらわれると、一生を台無しにすることになる

アドラーは、「**感情とは、ある人に対して、ある目的を持って使われる**」と言っています。

夫が妻に対して激しく怒るのは、怒りという感情を使って「妻を自分の思い通りにしたい」という目的があるからです。

たとえば、専業主婦だった妻が、「仕事に復帰したい」と言い出します。しかし、それに反対する夫が激しく怒り始めた場合です。

この夫は、「妻に仕事復帰をあきらめさせたい」という目的のために、怒りという感情を爆発させるのです。

激しく怒ることで、妻をおびえさせ、「はいわかりました。あなたの言う通りにします」と言わせたいのです。

しかし、怒りという感情は、非常に危険な要素を持っていることを忘れてはいけま

せん。

中国の格言に、「一朝《いっちょう》の怒りに、一生を過《あやま》つ」というものがあります。

「一朝の怒り」とは、「一時の怒り」という意味です。

「一生を過つ」とは、「自分の人生を台無しにしてしまうような大失敗をする」ということです。

妻を自分の思い通りにしようと思って激しく怒ったばっかりに、妻と大ゲンカになって、結果的に離婚することになってしまうかもしれないのです。

そうなったら、それこそ「一生を過つ」ということになりかねません。

ですからアドラー心理学では、「感情で相手を支配する」のではなく、あくまでも「**話し合うことによって、お互いに納得できる一致点を見い出す**」ことが重要だと考えるのです。

●怒りで相手をおびえさせようとは思わない。

4 嫉妬心を「負けずにがんばる」という意欲につなげる

「物は使いよう」ということわざがあります。

「使いよう」とは、「使い方」という意味です。

「同じ物でも、その使い方によって良くも悪くもなる。それを役立つ物にするかは、その人の使い方次第だ」ということでしょう。

このことわざは、人の「感情」についても当てはまります。

感情も、その使い方次第では良くも悪くもなります。同じ一つの感情であっても、使い方次第で、その人の人生に役立つものになります。しかし、使い方を間違えると、その人に悪影響をもたらすことにもなります。

アドラーは、**「感情は車を動かすガソリンのようなものだ。感情に支配されるのではなく、感情を活用するという意識を持つことが大切だ」**と言っています。この言葉も、要は、感情に関して「物は使いよう」だということです。

たとえば、「嫉妬心」という感情について考えてみます。

同じ職場に、自分よりもいい業績を上げて先に出世した同僚がいたとします。自分が、その同僚に強い嫉妬心を持った場合、もしその嫉妬心に「支配」されてしまったら、その悔しい思いから気持ちが落ち着かなくなって、仕事が手につかなくなっていきます。

嫉妬心に支配されると、そのように自分自身に悪影響が及ぼされます。

しかし、嫉妬心を上手に「活用」することもできるのです。

その同僚を見て、「自分も負けずに、がんばらないといけない」という意欲につなげることができれば、その嫉妬心は自分の成長のために役立ちます。すなわち、自分自身にいい影響をもたらしてくれるのです。

嫉妬心に支配されるか、嫉妬心を活用するかは、結局は自分次第です。

●嫉妬心に支配されるのではなく、利用する。

5 たくさんのことを望みすぎると、不満という感情が生まれる

アドラーは、「**負の感情はコントロールできる**」と言います。

たとえば、ある女性が、恋人が自分に十分にやさしくしてくれないことに不満を持ったとします。

その不満を相手に伝え、もっと自分にやさしくしてくれるようにするために、彼の前で不機嫌な態度を取ったり、ささいなことで怒ったり、時には泣いて見せたりします。

しかし、そのように負の感情でもって相手に訴えかけるのは、いい結果をもたらしはしません。

相手をイヤな思いにさせてしまうからです。

相手も、きっと、彼女に対して「君と一緒にいても楽しくない」と言い出すでしょう。

こういうケースでは、「なぜ恋人に不満を持ってしまうのか」「なぜ自分は恋人から十分にやさしくてもらえないと感じるのか」という本当の理由について考えることが

重要になってきます。

アドラー心理学では、この「**本当の理由に気づく**」ということを「**認知**《にんち》」と呼んでいます。

正しく認知することが、問題解決のヒントになるのです。

そうすると、「恋人への欲求水準が高すぎた」ということが、不満の原因であったことがわかってきます。

つまり、あまりにも、たくさんのことを相手に求めすぎていたという理由です。

すると、一〇のことをしてもらいたいと願っていた欲求水準が下がって、五のことをしてもらうことで満足できるようになるのです。

このように、「欲求水準を下げることで、負の感情をコントロールしていく」というのも、アドラー心理学の考え方の一つなのです。

●相手への欲求水準を下げてみる。

6 欲を少なくすれば、それだけ悩みや苦しみも小さくなる

仏教に「少欲知足《しょうよくちそく》」という言葉があります。

「できるだけ欲を少なくし、わずかなもので満足する習慣を身につけることで、心安らかに生きていける」という考え方を表す言葉です。

仏教では、「負の感情」が生まれる根本原因は「欲」にあると考えます。

ですから、欲張った気持ちを持っていると、それだけ苦しみや悩みといったものが大きくなっていくのです。

恋人に対して「もっともっと私を大切にしてほしい」という欲が高まっていくと、それだけ「願い通りに大切にしてもらえない」ということに、いら立ち、不満、怒り、悲しみといった負の感情がふくらんでいきます。

「もっと金持ちになりたい。もっとぜいたくな暮らしがしたい」という欲が強まると、「思い通りにたくさんのお金を得られない。ぜいたくができない」という現実に、怒

りや欲求不満といった負の感情が大きくなっていきます。

「欲深い人は、そんな負の感情に一生悩み苦しんでいかなければならない」と、仏教は考えるのです。

ですから、仏教は、「欲を少なくすることが大事だ」と説くのです。

欲を少なくし、何事においても欲張らずに生きていくことで、いら立ち、不満、怒りといった負の感情も小さくてすみます。

何か問題が生じたとしても、負の感情に振り回されることなく、理性的に物事を解決していくことを考え、また問題解決のために周りの人たちとおだやかに話し合っていくことができるのです。

この仏教の少欲知足という考え方も、アドラー心理学に通じるものがあるようです。

どちらも、負の感情とどう上手くつき合っていくかを教えてくれるのです。

●「少欲知足」で平穏に生きていく。

7 負の感情を上手にコントロールする、五つの徳がある

古代中国の思想家である孔子（前五五二〜前四七九）は、人として認められるために必要になる「五つの徳」があると説いています。

この孔子が説く「五つの徳」は、アドラーが言う、怒り、嫉妬、不機嫌といった負の感情を上手にコントロールしていくために参考になります。

＊「温《おん》」……いつも温厚であるように心がけていること。これによって、怒りや不機嫌といった感情に、自分自身が振り回されずに済みます。もちろん相手の心を開かせることにも役立ちます。

＊「良《りょう》」……善良な人間になるよう努力すること。これによって、いつも正しい方法で、自分が納得できないことを解決する習慣が身につきます。

＊「恭《きょう》」……自分自身をつつしみ深くして、他人を尊敬する気持ちを持つこと。こ

れによって、周りの人たちと仲良く平和につき合っていくことができます。

＊「倹《けん》」……欲張らず、質素な生活を心がけること。これによって、むやみに相手と自分を比較して、負の感情にとらわれることを避けられます。

＊「譲《じょう》」……自分自身はへりくだって、相手を高める気持ちを持つこと。これによって、一方的に自分の思いを押し通すのではなく、相手と話し合う気持ちになれます。

負の感情というものは、自分と他人とのちょっとした考え方のズレや、思いの違いから生じやすいのです。

このズレや違いを円満に調整していく上で、孔子の「五つの徳」が役立ちます。

●他人とのズレや違いを円満に調整する。

8 「みんなから嫌われている」の「みんな」とは誰か考えてみる

「私は、みんなから嫌われている」と言う人がいます。

しかし、実際には、そんなことはないケースがほとんどです。

確かに、その人を嫌っている人もいるのかもしれません。

しかし、「みんな」ではないのです。

しかし、人は往々にして、二、三人の人から嫌われたりすると、「私はみんなから嫌われている」と考えてしまいがちなのです。

アドラー心理学に「**誇張**《こちょう》」という言葉があります。

一つのことを多くのことに、部分的なことをすべてといった具合に、人はとかく、物事を大げさに考えてしまう傾向があります。

まさに「二、三人の相手から嫌われたこと」を「みんなから嫌われている」などと考えてしまうのは、この「誇張」の心理が働いているのです。

この誇張の心理から逃れる方法としては、

＊ 冷静になって考える。

＊ 具体的に考える。

ということが挙げられます。気持ちを落ち着けて、「いったい誰が私のことを嫌っているのだろう」と考えてみるのです。

身近な人たちの顔を思い浮かべて、「○○さんから嫌われているようだ。では△△さんはどうか？　□□さんはどうか？」と、具体的に考えていきます。

そうすると、自分のことを嫌っているのは○○さんだけで、他の人からは嫌われていないことに気づくのです。

「みんなから〜」というのは、自分が勝手に誇張して考えていたということに気づき、自分の心が救われるのです。

●冷静に、具体的に考える習慣を持つ。

9 人間は「妄想」に陥りやすい生き物だと知っておく

禅の言葉に、「莫妄想《まくもうぞう》」というものがあります。「妄想してはいけない」という意味です。

二、三人の人間から嫌われたのにもかかわらず、「みんなから嫌われている」と思い込むのも「妄想」です。

そのような事実はないのに、「誰かが、私が幸せになることをジャマしようとしている」と不安がるのも「妄想」です。

そうなるかどうかわからないのに、「来年は、私がリストラされる番だ」と悲観的な気持ちになってしまうのも「妄想」です。

こう考えていくと、じつは人間は、自分で勝手に作り上げる「妄想」によってみずから悩み苦しんでいることが少なからずあるのです。

禅は、人間の苦しみの多くは、このような「妄想」から生み出されると考えるのです。ですから、「妄想してはいけない」と教えるのです。

アドラーは、禅の世界で言う「妄想」を、**「ベーシック・ミステイク（基本的な誤り）」**と呼んでいます。日本語に意訳すれば、「そもそも間違っていること」といった意味に理解できると思います。

「みんなから嫌われている」ということも、「誰かが私のジャマをしている」と考えるのも、「来年は私がリストラされる」と考えるのも、「そもそも間違っていること」なのです。なぜなら、それは「妄想」に過ぎないからです。

そして、アドラーは、この「ベーシック・ミステイク」に、つまり**「私はそもそも間違った認識をしていた」**ということに自分自身が気づくには、**「冷静になって考える」「客観的に考える」**という習慣を持つことが大切だと言っています。

このアドラーの考え方に従って、自分の考えを反省してみるのも大切だと思います。

妄想に陥っていないか、時々反省する。

10 仕事、交友、愛という課題をバランスよく追及していく

アドラーは、人生には三つの「課題」があると言います。

①**仕事の課題。**

②**交友の課題。**

③**愛の課題。**

「課題」というのは、アドラー独特の言い方です。

アドラー心理学では「**タスク**」とも呼んでいますが、意訳すれば「**いい結果を出すために、どう取り組むか**」ということです。

つまり、「仕事の課題」とは、「どのようにして働くことのやりがいを見い出し、またいい成果を出すか」ということです。

「交友の課題」とは、「どのようにしていい友人を得て、友人との友情を育《はぐく》んでいくか」ということです。

「愛の課題」とは、「恋人や夫婦、また家族と愛情にあふれた関係を築いていくために、どう取り組むか」ということです。

アドラーは、この「**三つの課題にバランスよく取り組んでいくことで、人は幸せになる**」と説くのです。

たとえば、仕事が上手くいかない時はあっても、愛する家族がいれば、仕事のストレスを癒してくれます。

夫婦関係がギクシャクすることがあっても、良き友人がいれば相談に乗ってもらえます。

友人とケンカすることがあっても、集中できる仕事があれば、必要以上に思い悩むこともありません。

ですから、この三つの課題をバランスよく追及していくことが大切になるのです。

●良き仕事、良き友人、良き家族を持つ。

11 仕事ばかりに熱中して、友人や家族のことを忘れてはいけない

「時に『仕事の課題』ばかりに熱中して、『交友の課題』『愛の課題』がおろそかになってしまう人がいる」と、アドラーは言います。いわゆる「仕事人間」です。

仕事の関係者以外との人づき合いがまったくなく、家族サービスもあまりしません。ただひたすら仕事のためにだけ生きているような人たちです。

働き盛りのビジネスマンには、こういう仕事人間タイプの人が多いのではないでしょうか。

しかし、「仕事の課題」ばかり追い求めても幸せにはなれないというのが、アドラーの考え方です。

もちろん、やりがいのある仕事を得て、一生懸命になって働くことは、その人に働く喜びを与えます。しかし、人間には、「働く喜び」と同時に、「友人と語らう喜び」や「恋人や家族で愛し合う喜び」も必要なのです。

この三つの喜びをバランスよく持っていてこそ、本当の意味で人は幸せを実感できるのです。

多忙なビジネスマンにとっては、「友人と会ったり、家族で団らんする時間を作りたいが、仕事が忙しくてできない」と言う人もいます。

しかし、アドラーは、「**それは、たんなる言い訳である場合が多い**」と指摘します。

本当は「家族サービスが面倒臭い」「友だちとつき合っていくのが苦手だ」といった理由から、仕事に逃げている人も数多くいるのです。

確かに、家族サービスは面倒だと思う人もいるのかもしれません。

友だちづき合いが苦手だという人もいるでしょう。

しかし、やはり人間は仕事だけでは幸せにはなれないのです。人間が幸せになるには、友情と愛情も欠くことのできない要素であることを忘れてはいけないのです。

●「仕事だけでは幸せになれない」と知る。

まとめ

◎「負の感情」と上手につき合っていく。
◎「一時的な感情」を軽く受け流す。
◎多くを望まず、欲を少なくする。
◎ネガティブな思い込みを捨てる。
◎仕事、交友、愛のバランスを取る。

第五章

ありのままでも幸せになれる

1

不完全な自分をそのまま受け入れるほうが、気持ちが楽になる

アドラーは、「**ありのままを受け入れることが、自分を悩み事から解放し、安らかな心の幸福感を取り戻すコツだ**」と述べました。

これをアドラー心理学では「**受容**《じゅよう》」と呼んでいます。

「**たとえ不完全であっても、自分の不完全な部分があることを認め、それを受け入れることが大事だ**」ということです。人は「自分の不完全さ」をなかなか受け入れられません。

そのために、

「どうして私は、こんなに不器用なんだ」と、いら立ちます。

「人間関係が下手な自分が、たまらなくイヤだ」と感じます。

「がんばっているのに、ちっとも成長しない自分自身に腹が立つ」と、なげきます。

しかし、そのような、いら立ち、自己嫌悪、怒りといった感情は、自分自身をますます

ます不幸な思いにしていくだけなのです。

だからこそアドラーは、いっそのこと、不完全な自分を受け入れてしまうほうが気持ちが楽になるというのです。

開き直って、「不器用な自分」「人間関係が下手な自分」「成長しない自分」を受け入れてしまうのです。

そして、そんな不完全な自分であっても、幸せを得る方法はないのかを考えていくほうが、自分の人生を前向きに生きていけるのです。

いつまでもイライラしたり、カッカしているよりも、不完全なまま前向きに生きていくほうがずっと生産的な人生を送れるのです。

不完全な人間であっても、幸せになる方法は必ずあります。

それを見つけ出すことが大切です。

●不完全な人間でも、幸せになる方法はある。

2 「できないこと」ばかり気に病んでいても、幸福にはなれない

人には、できることと、できないことがあります。

「勉強はできるが、異性関係は苦手で、好きな相手と上手に話をすることができない」という人もいるでしょう。

「仕事は抜群にできるが、世渡りが下手で、なかなか出世できない」という人もいます。

「天《てん》は二物《にぶつ》を与えず」ということわざがあります。「天は一人の人間に複数の才能を同時に与えることはない。一つの才能に秀でている者は、往々にして、別の分野で苦手とするものを持っているものだ」という意味です。中には二物を持つ人もいますが、「才能がある分野もあれば、苦手とする分野もある」というのは、人間として自然なことなのです。

ですから、苦手とする分野のことであまり思い悩むのではなく、才能のある分野を

生かしていこうと考えることが、幸福になるコツになります。

しかし、自分に才能のある分野があることを忘れ、苦手とする分野のことばかりを気に病んでしまう人もいます。

せっかく勉強ができるのに、異性と上手く話せないことばかり気に病んで、絶望的な気持ちになってしまう人もいます。

仕事の才能があるというのに、世渡りが下手なことばかりに悩んで、自分をダメ人間に思い込む人もいます。

アドラーは、「**自分にできないことを気に病んでいる限り、永遠に幸福になることはない**」と言います。

大切なのは、自分が才能を発揮できる分野を、もう一度再認識することです。

そうすることで自信が戻り、幸福になるための道筋も見えてきます。

自分の得意分野を再認識する。

3
自分のダメなところを知っている人は、それだけで賢い

イギリスの詩人であるジェフリー・チョーサー（一三四三〜一四〇〇）は、「自分自身を知る者は賢者である」と言っています。

「自分自身を知る」というのは、「自分のいいところ、ダメなところを含めて、自分のありのままの姿を知る」ということです。

これができないタイプの人がいます。自分にうぬぼれている人です。うぬぼれが強い人は、自分のいいところだけを自慢します。

一方で、自分にダメなところがあることを認めようとしません。

しかし、そのために賢者にはなれないのです。

自信を持つことはいいのですが、うぬぼれてはいけないのです。

「中身のない袋は風でふくらみ、中身のない頭はうぬぼれでふくらむ」ということわざがあります。

言い換えれば、「うぬぼれている人間の頭は中身がない」という意味です。

自分自身のダメなところを含めて、ありのままの自分を受け入れていくことで、そのダメなところを克服していこうという知恵が生まれます。

その知恵が、その人の人間的な成長を促すのです。

ですから、チョーサーは、「ありのままの自分を知る者は賢者である」と言ったのです。

自分のダメな部分があることを思い悩んでいる人もいるかもしれません。

しかし、「自分のダメな部分がある」と気づいているだけでも、その人は成長できるのです。

自分にうぬぼれているだけの人よりもずっと賢い人なのです。

●欠点を含めて、ありのままの自分を知る。

4 「死にたくない」と思いながら死んでいくほうが、心安らかでいられる

幕末の禅僧に仙厓《せんがい》（一七五〇〜一八三七）という人がいます。

この仙厓に面白いエピソードがあります。

仙厓は当時としては長生きでした。しかし、八十歳を超えて九十歳近い年齢となって、体が弱り、いよいよ臨終の時を迎えました。

当時、禅の高僧が死ぬ際には、その境地を言葉にして書き遺《のこ》す習慣がありました。弟子が紙と筆を用意して「お師匠様、最後の言葉をお書きください」と促しました。

すると、仙厓はその紙に、

「死にたくない、死にたくない」という言葉を書いたのです。その言葉を見て、弟子たちは驚いてしまいました。

禅僧ですから、「死ぬことなど何も怖くはない。生きることに未練はない。平常心で死を迎えよう」といった言葉を書き遺すのが普通なのです。

しかし、考えてみれば、いくら徳の高い禅僧であっても、死ぬことは怖いのです。死にたくないという気持ちがあるのです。

ですから仙厓は、

「そんな恐怖や未練があるにもかかわらず強がって、死ぬことなど怖くない、未練がないなどということを言ったら、そちらのほうが心が乱れる。安らかな気持ちで死を迎えることはできない。

だから私は、そんな恐怖や未練がある弱い自分自身をありのままに受け入れて、正直に『死にたくない』と書き遺す。そのほうが、ずっと安らかな心で死んでいくことができる」と考えたのです。

この仙厓の考え方は、「**自分の不完全さを含めて、ありのままの自分を受け入れるほうが幸せである**」というアドラー心理学にも通じるところがあると思います。

●強がって、弱い自分を隠さない。

5 自分の過ちを受け入れられる人は、そのことで救われる

人間は、時に、怒りにかられて過ちを犯してしまうこともあります。

その際、「自分には人間として、そういう不完全なところがある」と、愚かな自分を受け入れることができる人は、そのことで救われます。

しかし、あくまでも「自分は間違った判断などしていない」と、自分に愚かな部分があることを認められない人は、そのことでみずから苦しまなければならないことになります。これがアドラー心理学の考え方です。

前項でも登場した幕末の禅僧、仙厓に、もう一つ面白いエピソードがあります。

当時、仙厓は九州の博多に住んでいました。そして、博多の大名だった黒田候《こう》と親しくつき合っていました。黒田候は、お城の中に花壇を作り、そこにたくさんの菊の花を植えて、大切に育てていました。

ある日、家来の一人が誤って、一本の菊の花を折ってしまいました。怒った黒田候

はその家来に切腹を命じました。その話を聞いた仙厓はさっそくお城へ行くと、花壇の菊を鎌《かま》で全部刈《か》り取ってしまいました。

黒田候は驚き、仙厓を怒鳴りつけました。すると、仙厓は、平然と「こうしておけば、いい肥料になりますよ」と答えました。

仙厓は、暗に、「菊の花よりも、人間の命のほうがずっと大切だ」ということを教えたのです。怒りにかられて家来に切腹を命じた黒田候の過ちを指摘したのです。

黒田候は、仙厓の言葉に、すぐに自分の過ちに気づきました。そして、家来に下した切腹の命令を取り消したのです。

もし黒田候が自分の過ちを認めることができなかったら、ささいなことで大事な家来を切腹させてしまった良心の呵責《かしゃく》にずっと苦しまなければならなかったでしょう。

自分の誤ちや愚かさを受け入れることができたからこそ、黒田候は救われたのです。

●自分が誤っているとわかったら、それを認める。

6 間違ってもすぐに受け入れて修正すれば、それは間違いではない

古代中国の思想家である孔子は、

「過《あやま》ちて改めざる、これを過ちという」と言いました。「間違いをしても、それをすぐに反省して修正すれば、何の問題もない。間違いをしても、それを改めようとしないことが、もっとも悪質な間違いである」という意味です。

人間は完璧な存在ではありません。

誰であっても、間違いをします。

うっかりミスをすることもあります。

勘違いや誤解をしていることもあります。

ただし、自分自身にはそういう愚かな部分があることを素直に受け入れて、すぐに修正することができれば、その人はもう「愚かな人」ではありません。

その人は、むしろ「賢い人」と言えるのです。

しかし、中には、自分の愚かな間違いを認められずに、「私は悪いんじゃありません」と言い張る人がいます。

「この間違いは、私の責任ではありません。あの人が悪いんです」と、人のせいにしようとする人もいます。

しかし、そんなことをすれば、ますます自分が苦しい思いをしなければならなくなるだけなのです。

むしろ、「私は間違ってました。すぐに修正します」と、受け入れてしまうほうがいいのです。

そのほうが苦しい思いを引きずらずにすみます。

その結果、心がずっと楽になります。

この孔子の言葉も、アドラー心理学に通じるものがあります。

素直に自分の愚かさを認める。

7 自分の欠点を受け入れるからこそ、向上心が生まれてくる

アドラーは「**欠点だらけの人間だからといって、幸せになれないということはない**」と言います。

「欠点だらけの自分」を、ありのままに受け入れることができれば、幸せになるチャンスをたくさん得られます。

「欠点だらけの自分」を、自分自身が受け入れることができず、「こんな自分はイヤだ。もう死んでしまいたい」と思い悩んでいると、幸せになれないのです。

浄土真宗の開祖で、鎌倉時代の僧侶に親鸞《しんらん》（一一七三〜一二六三）がいます。

この親鸞は、「善人は仏様のお導きによって幸せになれるというのに、悪人が仏様のお導きによって幸せになれないわけがない。悪人であっても幸せになれるのだ（意訳）」と言っています。

親鸞はみずからを「愚禿《ぐとく》」と名乗ることもありました。「愚禿」とは、「僧侶であり

ながら欠点だらけの、非常に愚かな人間」という意味です。

冒頭の言葉にある「悪人」も「愚かな者」という意味です。

つまり親鸞は、自分自身のことを「私は悪人でしかない」と考えていました。

ただし、親鸞は、「そんな愚か者であっても、その愚かさをありのまま認めて、少しでも立派な人間になれるように一生懸命になって努力すれば、必ず仏様のお導きによって幸せになれる」と考えたのです。

この親鸞の考え方は、アドラー心理学にも通じるところがあると思います。

「欠点だらけの自分」を受け入れられない人は、そんな自分自身を否定して悩むばかりで、「努力して立派な人間になっていきたい」という向上心を持てないでいます。

じつは、そんな愚かな自分を受け入れるからこそ、親鸞やアドラー心理学が教えるように、より良い人間に成長したいという向上心が生まれてくるのです。

自己嫌悪の感情からは、向上心は生まれない。

8 不満がある環境をありのままに受け入れてから、それを改善していく

アドラー心理学の「**ありのままを受け入れる**」という考え方には、三つの意味があります。それは次の通りです。

＊ありのままの自分を受け入れる。
＊ありのままの環境を受け入れる。
＊相手を、ありのままに受け入れる。

たとえば、「環境」という問題に関しても、アドラーは「**ありのままを受け入れることで、幸せになるチャンスを得られる**」と教えるのです。

「こんな職場環境では、やる気にならない」といった不満を洩らす人がいます。

しかし、不満を言っても、その職場は良くなりませんし、自分の成長も望めません。

不安があっても、その環境をありのままに受け入れて、その中でどう環境をいいものに変えていくかを考えるほうがずっと生産的です。また、いい結果を得られます。

徳川家康（一五四三〜一六一六）は、豊臣秀吉の配下であった頃、突然三河《みかわ》（現在の愛知県）から江戸《えど》（現在の東京都）へ領地を移すように命じられました。

三河はとても豊かな国でした。それに比べて、当時の江戸は、林や草原が広がっているだけの貧しい未開拓地でした。秀吉とすれば、貧しい未開拓地へ家康を追いやることで、家康の勢力を低下させようと考えたのです。

しかし、家康は、江戸という貧しい未開拓地を受け入れました。

「誰の手もついていないこの土地だからこそ、自分ならではの理想的な街造りができる」と考えたのです。

貧しい環境であっても、それをありのままに受け入れ、一生懸命になって開拓《かいたく》していったのです。その結果、その後、江戸は大発展していったのです。

不満を言うのではなく、変えていく努力をする。

9 生まれ育った環境にかかわりなく、人は幸せになることができる

人生が上手くいかないことを、生まれ育った家庭環境のせいにする人がいます。

「両親が教育熱心でなかったから、いい大学に進学できなかった。そのために、いい就職先も得られずに、今苦労している」

「家が貧乏だったから、辛いことばかり経験させられて、性格がすっかりひねくれてしまった。そのために、みんなから嫌われる」といったようにです。

しかし、幸せになれるかどうかは、すべて自分自身にかかっているというのが、アドラーの考え方です。

アドラーは、次のように言います。

「生まれ育った環境は『材料』でしかない。

その『材料』を使って、不幸な家を建てるか、幸福な家を建てるかは、自分自身にかかっている」というのです。

もちろん生まれ育った家庭環境は、その人の生き方や性格といったものに影響します。そんな環境が人間に与える影響を、アドラーは「材料」と言ったのです。そして、「**どんな材料であっても、その材料を上手に使えば、幸せな家を建てられる、つまり幸せになれる**」と、アドラーは言っているのです。

教育熱心でない親に育てられ、勉強嫌いになったとしても、スポーツ選手になって成功することもできるでしょう。

家が貧乏で子供の頃辛い気持ちになることがあっても、大人になってからその経験を生かして、経済的に恵まれない子供たちを支援する活動を始めることもできるのです。そして、そのような活動に生きがいと喜びを見い出すこともできるのです。

生まれ育った環境がどのようなものであれ、それをありのままに受け入れて生かす努力をすれば、幸せな人生を実現できるのです。

●環境を、上手くいかない言い訳にしない。

10 相手が変わるのを待っているのではなく、自分から変わっていく

アドラー心理学は、対人関係においても、「**ありのままを受け入れる**」ことを勧めます。

よく次のように言う人たちがいます。

「のんびり屋の夫に堪えられない。あの性格を変えてほしい」

「私の上司は優柔不断だ。あの性格を変えてほしい」

しかし、不平不満を訴えても、相手が言われる通り性格を変えてくれることなど、まずないのです。

そのために、その人は、今後もずっと「のんびり屋の夫」「優柔不断な上司」のために、いら立たしい思いをしながら過ごさなくてはならないことになります。

これは、むしろ、その人本人にとって不幸なことになるのではないでしょうか。

その意味では、相手に性格を変えてくれることなど望まないことが大切です。

「のんびり屋の夫」や「優柔不断な上司」を、ありのままに受け入れるほうが賢明です。そして、そんな相手との、自分のつき合い方を変えていくのです。

のんびり屋の夫に対しては、自分のほうから積極的に「もうそろそろ、これを始めたほうがいいわね。これも早いうちにやっておきましょう」といったように働きかけていってもいいのです。

優柔不断な上司に対しても、自分のほうから「こういう方向性で動きたいのですが、よろしいですか」と導いていってもいいのです。

相手が変わるのを待っているのではなく、自分のほうから先に変わって、このように積極的に働きかけていくほうがずっとストレスが少なくて済むのです。

自分のほうから先に変われば、それに合わせて相手も少しずつ変わっていってくれるかもしれません。当然、お互いにとっても、そのほうが幸せです。

●「つき合い方を変えるほうがストレスが少ない」と知る。

まとめ

◎ありのままの自分を受け入れる。
◎自分の不完全さを認める勇気を持つ。
◎過ちを受け入れて、改める。
◎今いる環境を受け入れる。
◎不完全な相手でも受け入れる。

第六章

自分の性格は変えられる

1

行動習慣と考え方のクセを変えれば、性格は変わっていく

「自分の、こんな性格がイヤだ」という人がいます。

「私はあきっぽい性格だ。何事も長続きしない。そんな自分自身の性格がイヤだ」

「心配性なもので、新しいことにチャレンジできない。そんな自分がイヤだ」

といった具合です。

そして、このようなタイプの人たちは、「自分の性格を変えたいが、持って生まれた性格というものはそう簡単には変えられない」ということでも悩んでいる人が多いようです。

さて、それに対してアドラーは、「**性格は変えられる**」と言います。

アドラーは、「性格」のもとを「**ライフ・スタイル**」と呼んでいます。

人はふつう、性格というものは「持って生まれたもの」だと考えがちです。

しかし、アドラーは、「**性格は決して持って生まれたものではなく、ふだんの日常**

生活の中の、行動習慣や考え方のクセから身についていくものだ」と考えるのです。

そして、人の性格をライフ・スタイルと呼んで、「**行動習慣を改め、考え方のクセを直すことで、性格は変えられる**」と説いたのです。

「あきっぽい性格」という人は、これまで何度も、「何かを始めては、すぐに放り出す」ということを繰り返してきたために、それが行動習慣となって身についてしまっているのです。

「心配性」という人は、「どうでもいいようなことまで心配する」という考え方がクセになってしまっているのです。

ですから「性格を変える」ということを意識するよりも、その行動習慣や考え方を変えていくことを強く意識するほうがいいのです。

そうすれば意外と簡単に、自分の性格は変わっていくのです。

●性格を変えるよりも、習慣を変えることを意識する。

2 無理のない範囲で、少しずつ自分の性格を変えていく

「習い性《しょう》となる」ということわざがあります。

「習慣化する」という意味です。「初めのうちに小さな努力でできる、ささいなことであっても、それを毎日毎日続けていくことで習慣化し、やがてその人の確かな性格になっていく」という意味を表しています。

このことわざは、アドラー心理学の「**行動習慣と考え方のクセを変えることで、性格を変えられる**」という考え方と相通じるものがあるように思います。

ここで大切なことは、「初めのうちは、小さな努力でできることでもいい」という点にあります。

「私はあきっぽい性格」という人は、これまで三日で投げ出していたことを、四日続けていくよう努力することから始めるのがいいのです。

あと一日がんばるぐらいのことであれば、無理なくできるでしょう。

そして、四日間続けられるようになったら、それを五日、六日と少しずつ伸ばしていきます。

そうやって、無理のない努力を少しずつ積み重ねていくことで行動習慣が変わり、あきっぽい性格から、がまん強い性格の持ち主へと生まれ変わっていけるのです。

「心配性の人」も、心配するものの数や、心配している時間を少しずつ減らしていくように努力します。

焦りは禁物です。無理のない範囲で、少しずつ努力していくことで、どうでもいいようなことまで心配するという考え方のクセが変わっていきます。

そして、楽天的に物事を考えられるような性格に変わっていくのです。

そのようにして性格を変えていくには、多少の時間がかかるかもしれませんが、焦って途中で挫折するよりはいいと思います。

●「焦って性格を変えようと思うから挫折する」と知っておく。

3 あきらめることはない、人生は何度でもやり直せる

古代中国の思想家、孔子は、

「性《せい》は相近《あいちか》し、習《なら》いは相通《あいとお》し」と言っています。

「性は相近し」というのは、「生まれたばかりの人間は、性質にそれほど差はない。性格にしても、能力にしても、みな同じようなものだ」という意味です。

「習いは相通し」とは、「その後、生活習慣の違いによって、人と人とは、その性格や能力に大きな差が生じてくる」という意味です。

コツコツ努力を積み重ねていくことを習慣にしている人は、勤勉な性格の人になっていきます。

一方で、怠けてばかりいる人は、怠け者の性格がすっかり身についてしまいます。

少しずつであっても、日々向上していくことを心がけて実践してきた人は、すばらしい能力を身につけます。

しかし、自分を向上させる努力をしてこなかった人は、すっかりダメな人間になってしまいます。

ちなみに、アドラーは、だいたい十歳ぐらいまでに、みずからの習慣によってこのような自分ならではの性格を身につけると言っています。

しかし、十歳を過ぎ、二十代、三十代、あるいはそれ以上の年齢になってからでも遅くはないのです。「**行動習慣や、考え方のクセ、つまりライフ・スタイルを変えることで、人は生まれ変わることができる**」というのがアドラー心理学の考え方です。

怠け者も、少しずつ努力することを続けていくことで、勤勉な人に生まれ変わることができます。ダメな人も、向上心を持って無理なくがんばっていくことで、すばらしい能力を身につけた人になれます。

あきらめることはないのです。人生は何度でもやり直すことができるのです。

いい習慣を持つことで、自分を変えていく。

4 与えられた環境に合わせて、自分の性格を変えていく

生活環境の変化に合わせて、自分の性格を変える必要に迫られることがあります。

ある女性は、「人見知りをする性格」です。内気で照れ屋で、初めて会う人とは上手くコミュニケーションが取れません。自分のほうから積極的に話しかけることが恥ずかしく、相手から何か言ってくるのを待っていることしかできません。

学生時代の頃は、それでもまだよかったのです。

しかし、卒業して就職した会社で、接客の仕事に配属になったのです。毎日たくさん初対面の人に会わなければなりません。彼女は、「接客のような仕事を、人見知りの自分がやっていけるのだろうか」と強い不安を感じているのです。

このようなケースでは、「自分の性格に合った仕事がある会社に転職する」という方法も考えられます。しかし、どのような職種であっても、「人と会ってコミュニケーションをしていく」というのは仕事の基本です。社会人であれば接客の仕事でなく

ても、初対面の人に会って話をする機会が多くあるのです。

ですから、たとえ転職したとしても、やはり自分の人見知りという性格に悩みを持つことになるでしょう。従って、自分に与えられた現在の環境に合わせて、自分の性格を変えていくことを考えるほうが賢明です。

「行動習慣と、考え方のクセを変えることで、自分の性格を変えられる」と考えるのがアドラー心理学です。

この事例の女性の場合、「自分から話しかけるのではなく、相手が話しかけてくるのを待っている」という行動習慣が身についているのです。

また、「初対面の人と話をするのが恥ずかしい」という考え方のクセがあるのです。

この行動習慣と考え方のクセを、自分ができる範囲で少しずつ変えていく努力をしていけば、人見知りせずに人とつき合っていける性格に生まれ変われるでしょう。

●仕事に合わせて、人見知りという性格を変えていく。

5 新しい環境の価値観に早く順応していくためには？

古代ローマに、「ローマにいる時には、ローマ人が振る舞うように振る舞え」ということわざがあります。

生活習慣や、ものの考え方がまったく異なる外国人が、ローマにやってきます。

そして、そのままローマに住み続けることになるのですが、生活習慣や考え方が違うことで、周りの人たちとトラブルになってしまう不安もあるのです。

ですから、できるだけ早く、ローマでの生活に順応しなければなりません。

「そのためには、ローマ人が振る舞うように振る舞い、ローマ人の価値観に従って物事を考えるように心がけることが大切だ。それが新しい環境に慣れていく、もっともいい方法だ」ということを、このことわざは意味しているのです。

このことわざは、「新しい環境に、早く自分を順応させていく」ということを考える上でも参考になる点があります。

たとえば、転職する場合です。

会社には、それぞれ別個の社風というものがあります。その会社ならではの雰囲気や習慣、特徴的な考え方などです。転職する場合は、前にいた会社の社風を早く捨てて、新しい会社の社風に自分を順応させていく必要があります。

そうしなければ、転職した会社の同僚や上司たちに早く馴染《なじ》んでいけません。

では、どうすれば早く順応できるのかと言えば、「ローマにいる時には、ローマ人が振る舞うように振る舞え」ということわざにある通りです。

つまり、転職した新しい会社の人たちの習慣に従って自分も振る舞い、特徴的な考え方に従って考えるようにすることです。

そうすることによって、以前の会社にいた時に身に付いていた習慣や、ものの考え方のクセが少しずつ変わっていき、転職先の会社の社風にも馴染んでいきます。

●転職先の社風に早く馴染んでいく。

6
自分本位な性格のままでは、いつまでも幸せになれない

アドラーは、「**自分勝手な論理にもとづく自分本位の性格では、幸せになることはできない**」と言います。

たとえば、ツアー旅行に参加したとします。ツアー旅行は団体旅行ですから、秩序を乱さないために一定の常識や約束事を守っていかなければなりません。

それにもかかわらず、「私は時間にはルーズな性格だ」と言い張って、集合時間を守らない行動を繰り返していたらどうなるでしょうか。

移動するバスの中で、周りの人たちがみな眠っているのにもかかわらず、「大騒ぎするのが、私は好きな性格なんだ。みんなも大騒ぎしよう」と、自分一人で大声で話したりし始めたらどうなるでしょうか。

周りの人たちから嫌われて、つまはじきにされるはずです。

そうなれば自分自身が旅行を楽しむことなどできなくなります。

その結果、自分が不幸な思いをしなければならなくなるのです。

職場には、その職場なりに、そこにいる全員が気持ちよく働いていけるために作られた常識や約束事があります。友人同士のグループにも、みんなが仲良くしていけるような常識や約束事が、自然な形で形作られていくものです。

そのような中にあって、自分一人だけが「私は、こんな性格だから」という理由で、常識や約束事に従わない行動を取っていたら、その人は間違いなく孤立して不幸になっていきます。

従って、そういう場合は周りの人たちと合わせて、自分が性格を変えていく必要があるのです。

そして、周りの人たちと仲良く協力していってこそ、人から好感をもたれ、自分も幸せになれるのです。

●周りの人たちと仲良くするため、自分の性格を変える。

7 多くの人の協力を得るために、協調性のある人間になる

一人の力ではできないことであっても、複数の人たちで協力し合えばできることがたくさんあります。また、一人の力でできることには限界がありますが、みんなで力を合わせてやれば大きなことを成し遂げられます。

ことわざにも、「衆力功《しゅうりょくこう》をなす」というものがあります。

「衆力」とは、「たくさんの人の力を合わせる」という意味です。

「功をなす」とは、「大きな功績を成し遂げることができる」という意味です。

つまり、「一人ではできないことでも、たくさんの人が協力し合えば大きなことを成し遂げられる」という意味です。

たとえば、発明王エジソンは白熱電球や蓄音器、また映写機といった多くのものを発明しましたが、それを一人で成し遂げたわけではありません。たくさんのスタッフの協力があったからこそ、数々の大発明を成し遂げることができたのです。

多くの協力者を得るということは、自分自身が夢を叶え幸福に生きていくためにとても大切なことになってきます。

そのためには、自分自身が「協調性ある人間」になる必要があります。

しかしながら世の中には、「私は性格的に協調性がない」ということで悩んでいる人もたくさんいます。

しかし、実際には、「協調性がない」ということで悩みながらも、そんな自分の性格を変えようとせず、自分勝手な振る舞いを続けてばかりいる人も少なくありません。

自分の性格は、自分で変えようと思わなければ変わりません。自分で変えようと思い、努力していけば、必ず性格は変わっていきます。

誰でも協調性ある性格に生まれ変わることができるのです。そのように教えるのが、アドラー心理学です。

●変えようと思わない限り、自分の性格は変わらない。

8 協調性とは、あらゆる人に寛容であることから生まれる

協調性がある人がいます。

多くの人と力を合わせていくことができる人です

一方で、協調性がない人がいます。

たくさんの人と協力していくことが苦手で、ともすると孤立してしまう人です。

充実した人生を実現し、幸せを実感しながら生きていくためには、協調性という性格を身につけておくほうが圧倒的に有利です。

協調性のある人の周りには、たくさんの良き協力者、良きアドバイザー、そして良き友人たちが集まってくるからです。

では、協調性ある人間になるためには、どうすればいいのでしょうか？

古代中国の思想家である孔子は、

「寛《かん》なれば、すなわち衆《しゅう》を得る」と言っています。「寛なれば」とは、「人に対して寛

容になる」という意味です。寛容とは、具体的に言えば、

＊どんな相手であろうとも、広い心で受け入れる。
＊自分と違った意見や考えを持つ人を尊重する。
＊他人の罪や欠点などを厳しく責めない。
＊力の弱い人間であっても、あたたかく迎え入れる。

このようなことを心がけていけば、その人の周りには「衆」、つまり「たくさんの人」が集まってくる、と孔子は言うのです。

つまり、寛容になれば良き協力者、良きアドバイザー、そして良き友人を得られるということです。

ここに掲げたことを参考に、みずから努力していけば、たとえ協調性のない人であっても、協調性という性格を身につけていくことができます。

●広い心を持って、人を受け入れていく。

9 何歳になっても、その気になれば自分の性格を変えていける

一五世紀頃の中国で成立したと言われる哲学書に『菜根譚《さいこんたん》』があります。その作者は洪自誠《こうじせい》という人です。この『菜根譚』の中にも「協調性のある人になって、たくさんの協力者を集めるためには、自分自身がどういう人間でなければならないか」ということが書かれています。それは、

* 人の小さな失敗を叱らない。広い心で許す。
* 人が「秘密にしておきたい」と思っていることについて、こちらから触れない。
* 人の過去の失敗を持ち出さない。忘れたふりをする。

この三点を『菜根譚』は指摘しています。

アドラー心理学は「**自分の性格は変えていける**」と教えますが、『菜根譚』では、この三つのことを心がけていくことで、どのような人間であっても協調性という性格を身につけていけると説くのです。

前項の孔子の言葉と合わせて、この『菜根譚』の言葉も、たくさんの良き協力者を得る上で参考になると思います。

アドラーは、「**人は死ぬ前日まで、自分の性格を変えていくことができる**」と言っています。

「死ぬ前日まで」とは、言い換えれば、「人は一生を通じて、性格を変えていくことができる」という意味です。

三十代の人であろうが、四十代、あるいはもっと上の年代の人であっても、自分がその気になれば性格を変えていくことができるのです。

何歳の人であってもあきらめることはありません。今からでも「協調性ある人」に生まれ変わって、幸せや夢をつかむことができます。

●人の秘密に触れない。人の昔の失敗を持ち出さない。

10
相手のアドバイスを素直に受けいれられる賢明さを持つ

アドラー心理学の「受容（ありのままに受け入れるという意味）」には、「自分自身をありのままに受け入れる」という意味があります。

また、もう一つには、「他人の言動をありのままに受け入れる」という意味があります。

他人の言動に関しても、ありのままに受け入れてしまうほうが、自分自身が心安らかでいられるのです。よけいな悩みや苦しみを背負わなくてすむのです。

たとえば、自分の考えとは異なる意見を言ってくる人がいたとします。

その時、「そういう考えもあるのか。参考になった」と、相手の言葉を素直に受け入れることができる人は賢明です。

精神的に乱されることはありません。

しかし、一方で、「この人は、私を批判しているのか。私の考えが間違いだと言いたいのか。そんな意見は受け入れられない」と突っぱねてしまう人もいます。

こういうタイプの人は、あくまでも自分の考えに執着します。

そのために悪い結果になったとしても、「いや、私の考えは絶対に間違っていない」と、いつまでも自分の考えを修正することができません。

そのために、みずから悩み事を大きくしていく傾向があるのです。

他人が意見を言うのは、何も、こちらの意見を批判しているからではありません。

相手とすれば、「こういう考え方も取り入れていくほうが、もっといい結果が出るのではないか」という、いわば善意から言ってくれていることが多いのです。

ですから、もっと広い心を持って、他人の言葉を素直に、ありのまま受け入れていくほうがいいのです。それが自分のためにもなります。

●「相手は批判しているのではない」と知る。

まとめ

◎ライフスタイル（習慣）を変えて、自分を変える。
◎「性格は変えられる。人生はやり直せる」と知る。
◎環境に合わせて、自分を変えていく。
◎周囲との協調性を大切にしていく。
◎相手のアドバイスを素直に受け入れる。

第七章

劣等感は克服できる

1 劣等感をバネにして成功をつかむ

人は誰でも「劣等感」を持っています。

「飛び抜けた才能がない」

「口べタで、人を説得するのが苦手だ」

「貧乏な家に生まれ、学歴もない」

そして、人は、自分にそのような劣等感があるから、「私は幸せになれない」「どんなにがんばっても成功できない」と考えがちです。

しかし、アドラーは、「**劣等感をバネにして、成功をおさめた人がたくさんいる**」と言っています。

劣等感があるからダメなのではないのです。

劣等感があるからこそ大きなチャンスが生まれるのです。

たとえば「経営の神様」と言われた実業家の松下幸之助です。

彼は、「あなたの成功のヒケツは何ですか」という質問に対して、「生まれた家が貧乏であったこと。体が弱かったこと。学歴がなかったこと」と答えています。

つまり、そのような劣等感があったからこそ、「貧乏に負けずに、自分で事業を起こして金持ちになる」、「人を豊かにしたい」「体が強い人間なんかには負けない。健康管理に注意して、体が強い人間以上にがんばってみせる」、「人の使い方が身につく」「学歴がいい人に負けてなるものか。知恵とアイディアで、学歴がいい人よりも画期的なことを成し遂げてみせる」、「人の知恵を借りることができる」と考えて意欲とやる気を生み出していったのです。

ですから彼は、「劣等感こそ成功のヒケツだ」と述べたのです。

劣等感を、やる気に変えていく。

2
劣等感はあってもいい、しかしコンプレックスを持たない

アドラー心理学には、

「劣等性《れっとうせい》」

「劣等感」

「劣等コンプレックス」

という三つの言葉があります。「劣等性」とは、「客観的な意味で、人よりも劣っているもの」ということです。

「私は、周りの人よりも仕事が遅い」

「私は体力面で、人よりも劣っている」

といったことです。

「劣等感」とは、「自分の劣っているものを、自分自身で意識する」ということです。

そして、「劣等コンプレックス」とは、「自分が持っている劣等感に思い悩み、『そ

のような劣等感があるから、自分は幸福になれない。何をやってもダメなんだ』と、否定的な考えになってしまうこと」を意味します。

アドラーは、この「**劣等コンプレックスに陥《おちい》らないことが重要だ**」と言うのです。

人間であれば誰であっても、周りの人よりも劣っているものが一つか二つあります。

劣っているものがあれば、それを意識してしまうのも当然です。

しかし、そこで、「その劣等感を克服していくように、がんばろう」と、その劣等性と劣等感を生きる意欲に変えていくこともできるのです。

しかし、劣等コンプレックスに陥ってしまうと、生きる意欲がどんどん失われていってしまいます。

従って劣等性や劣等感があるということをネガティブに考えないことが大切です。

●劣等感と劣等コンプレックスとは異なる。

3
勇気を持ってチャレンジすれば、弱虫な自分から脱却できる

劣等感が強い人は、チャレンジしてみる前から、それをあきらめてしまう傾向があります。

「面白そうな仕事だけど、これといった長所がない私には、どうせ成功させるのは無理だ。やめておくほうが無難だ」

「自分でボランティア団体を立ち上げて、社会のために活動していきたい気持ちがあるが、統率力がない私には無理に決まっている」といった具合です。

そして、その結果、たくさんの人生のチャンスをみずから逃してしまいます。

アドラーは、「**劣等感を言い訳にして、人生から逃げ出す弱虫が多い**」と述べています。

せっかく目の前に夢を叶えるチャンスがあるのに、「長所がない」「統率力がない」という劣等感を言い訳にして、それにチャレンジすることをあきらめている人たちを、

アドラーは「人生から逃げ出す弱虫」と呼んでいるのです。

言い換えれば、「何事にも勇気を持つことが大事だ」ということです。

失敗しても再度チャレンジすればいいのです。

従って勇気を持って前進していけばいいのです。

「面白そうだ」「やりたい」という気持ちがあるのなら、その気持ちを大切にしてチャレンジしてみるのです。そうすれば、自分らしい未来が開けていきます。自分自身という人間が成長していきます。

劣等感を言い訳にしてあきらめてしまったら、未来は開けません。成長というものもありません。永遠に現状維持が続いていくだけです。

現状維持の人生がイヤだったら、勇気を出してチャレンジしてみることです。

そうすれば、弱虫な自分から、勇気ある自分へ生まれ変われます。

●「やりたい」という気持ちを大切にする。

4 みずから作り上げた「自分の限界」を心から取り払う

古代中国の思想書である『論語《ろんご》』に、「なんじは画《かく》せり」という言葉があります。「画せり」とは、「自分で自分の限界を作る」という意味です。

ある時、孔子《こうし》のもとに一人の弟子がやって来ました。そして、「私はもう無理です。これ以上勉強を続けていっても、私はもう人間的に成長できません。私はしょせんダメ人間なのです」と、なげきました。

その弟子に向かって、孔子が言った言葉が、「なんじは画せり」です。

つまり、孔子は、「『もう無理』だとか、『成長できない』だとか、『しょせんダメ人間だ』というのは、あなたが自分で自分をそう決めつけているだけのことだ。あなたは自分で自分の限界を作り上げている」と言ったのです。

人間に「限界」などというものは存在しないのです。

その気になって努力していけば、人はどこまでも成長していけます。

それなのに、自分で無理だと決めつけ、みずから自分の限界を作ってしまうから、そこで成長が止まることになるのです。

結局は何も成し遂げられずに終わってしまうのです。

自分で作り上げた限界を取り払って、もっと自分に自信を持つことが大切です。

そうすれば、さらにもう一歩、前へ向かって前進していくことができます。

この孔子の言葉は、アドラー心理学にも通じるものがあります。

劣等感が強い人もまた、自分の劣等感を言い訳にして、みずから自分の可能性に限界を作ってしまう人が多いのです。

そのような劣等感や、みずから作り上げた限界など心から追い出してしまえば、もっと楽な気持ちで前向きに生きていくことができます。

●「人には限界などない」と知る。

5
劣等感があるのは、目標に向かって努力している証し

「劣等感がある」ということは、裏を返すと、「人生に目標を持ち、目標に向かって前向きに生きている証し」でもあるのです。

たとえば、「仕事で成功する」という目標を持つ人がいたとします。

その人は、そんな目標を持っているからこそ、

「私には、他の成功者に比べて、まだまだ人脈が足りない」

「私はユニークな発想をする能力に、人よりも劣っている」

「交渉力のない私は、いつも相手の言いなりになってしまう」

といった様々な劣等感を持つようになるのです。

もしその人が「仕事で成功する」という目標など持っていなかったとするならば、人脈や発想力、また交渉力がないということなど意識することはないでしょう。

投げやりな態度で、「そんなものなくても、どうでもいい。どうせ仕事で成功しよ

うなんて思っていないんだから」と考えるでしょう。

アドラーも、「**目標があるから、劣等感がある**」と述べています。そして、「劣等感に悩むよりも、しっかりした目標を持って努力している自分自身をもっと尊重すべきだ」と教えるのです。

そんな自分を尊重する気持ちがあれば、自分をダメにしていくことはありません。

むしろ、自分を尊重する気持ちがあるからこそ、劣等感をバネにして目標を叶える意欲を高めていくことができるようになるのです。

「積極的に人に会って、人脈を広げていこう」

「発想力がない分、誠実でていねいな仕事を心がけて、評価を高めよう」

「交渉力がないから、ねばり強く相手に接しよう」

といったように意欲を高めていくことができるのです。

目標へ向かっている自分を尊重する。

6 強がるよりも、強くなる努力をする

自信がない人ほど、人前では強がって見せる、という傾向があります。

自分は「自信がない」ということを、周りの人に知られたくないのです。

それを知られると、周りの人たちからバカにされたり、見下されるのではないかと思えて怖いのです。

ですから強がって見せます。

「私の能力ではとてもできそうにない」と、本当は自信がないのにもかかわらず、人前では、「こんなの、私にとっては楽勝だよ」と強がって見せるのです。

実際には女性からモテる自信がない人にかぎって、「僕は、モテてモテてしょうがないんだ。僕ほど魅力的な人間はいないんだ」と、強がったことを言います。

ことわざにも、「弱い者の空威張《からいば》り」というものがあります。

「本当は実力などなく、自分に自信がない人にかぎって、人前で威張ったり強がった

りするものだ」という意味を表しています。

しかし、いくら強がったことを言っても、自分が「強い人間」になれるわけではありません。

「私には能力がある」と強がっても、「能力がある人間」にはなれません。

「僕ほどモテる人間はいない」と強がっても、本当の「モテる人間」にはなれません。

アドラーは、「**強く見せる努力はやめて、強くなる努力をすることだ**」と言っています。

大切なことは、アドラーが指摘するように、「**自分の能力を高める努力をすること**」であり、また「**自分がモテる人間になる努力をすること**」なのです。

そのような努力をしてこそ、自分自身に実力がついてきます。

それに伴って、自分に自信を持てるようになります。

努力してこそ、自分に自信がつく。

7

自分への自信は、努力することからしか生まれない

いくら強がりを言っても、自分への自信は生まれません。

口先だけで大きなことを言っても、自信を持って生きていくことはできません。

自慢話をしても、本当の意味での自信がついてくるわけではないのです。

自分に自信を持つためには、アドラーが言う「**自分を強くするための努力**」が必要になってきます。

そういう努力を通してでしか、自信は生まれてこないのです。

プロ野球の世界で「打撃の神様」と呼ばれた川上哲治《かわかみてつはる》は、「練習、努力、また練習。それが自信を生む」と言っています。川上哲治も、また、「強がりや自慢話では、自信は生まれない」と言っているのです。

毎日毎日、グランドで汗を流してバッティングの練習を重ねていくことで、「こんなに練習しているのだから、ヒットが打てないはずがない」という自信が生まれてく

るのです。試合では自信を持って、打席に立つことができるのです。

自信を生み出すのは「口」ではありません。

「体を動かして努力すること」が、生きる自信を作り出していくのです。

受験生は、一生懸命に努力して勉強を積み重ねていくことで、自信がついてきます。

ビジネスマンは、知恵をしぼってアイディアを出し、アイディアを実現するために色々な人に会い、様々な議論を重ねていくという努力によって、働くことへの自信が生まれてきます。

毎日足を棒にして取引先を回り、数多くの商談を重ねていくという努力を続けていくことで、営業マンとしてやっていく自信が生まれてくるのです。

つまり、努力をコツコツ積み重ねていくことが、自信をつけるために大切だということです。

●自慢話をする暇があったら、体を使って努力する。

8

劣等感で悩んでいるのは、自分だけじゃないと気づく

人は誰であっても「弱さ」というものを持っています。

そのために、時には、自分のダメなところばかりが見えてきて弱気になったり、生きる自信を失って落ち込むこともあります。

アドラーは、「**どんなに優秀な人間にも、劣等感が存在する**」と言っています。周りの人たちから「あの人は仕事ができる」と見なされているような人であっても、人知れず「どうして私はダメなんだろう」と思い悩む時もあるのです。

何もかもが順調に運び、幸せ一杯そうに見える人であっても、内心では、「私ほど欠点だらけの人間はいない」と、自信を失ってしまう場合もあるのです。

このアドラーの言葉は、「劣等感で思い悩んでいるのは、自分だけではない」ということに気づかしてくれます。

そして、「自分だけでない」ということを知ることで、心を楽にしてくれるのです。

劣等感で悩む人は往々にして、

「みんなに比べて、自分だけがダメだ」

「どうして自分だけが、こんなに欠点が多いのだろう」

といったように「自分だけ」と考えます。

そして、この「自分だけ」という考えにとらわれて、いっそう深く落ち込んでいってしまうのです。

自分だけではなく、どんな人であろうとも、みんなそれぞれ各自の劣等感に思い悩んでいるのです。

人それぞれ、劣等感に悩みながら、それを克服していこうとコツコツがんばっているのです。それに気づき、自分もまた少しでも理想の人間に近づけるよう努力を続けていくことが大事です。

●「自分だけが～」という考えにとらわれない。

9

完璧な人間もいなければ、まったくダメな人間もいない

一つも欠点を持たない完璧な人間など、この世にはいないと思います。どんなに優秀な人であっても、一つか二つの欠点を持っています。反対に、欠点だらけで、何一つ長所がない、という人もいないと思います。誰であっても、どこかに長所があるものです。

いわば「欠点もあれば、長所もある」というのが、人間の姿なのです。

飛鳥《あすか》時代、仏教を日本に取り入れるに当たって大きな役割を果たした人物に、聖徳《しょうとく》太子《たいし》（五七四〜六二二）がいます。彼は、彼が制定した『憲法十七条』の中で次のように言いました。

「私は必ずしも完璧な人間ではありません。私にも欠点があります。あなたがまったく愚かな人間ではないことも知っています。あなたにも長所がたくさんあります。結局、私もあなたも、いいところがあれば悪いところもある、平凡な

人間なのです」

劣等感について思い悩んでいると、だんだん、自分が欠点だらけの人間のように思えてきます。周りには、欠点など何一つない完璧な人ばかりいるように思えてきます。そして「欠点だらけの自分」と、周りにいる「完璧な人たち」を比べて、ますます落ち込んでいくのです。

しかし、実際には、自分も周りの人たちも同じように、「いいところがあれば悪いところもある平凡な人間」なのです。完璧な人間ではないかもしれませんが、まったくダメでもない、平凡な人間なのです。

この聖徳太子の言葉は気持ちを楽にしてくれます。

自分自身の中にいいところもあるとわかれば、それに希望を持って明るい未来へ向かって歩いていくことができます。

●自分の長所を知って、それを頼りに生きていく。

10

失敗から学べば、同じ失敗を繰り返すことはない

大きな失敗をすると、「次もまた同じ失敗を繰り返すのではないか」という不安にとらわれがちです。

そして、気持ちが弱気になっていき、前へ向かって力強く進んでいくことができなくなります。

しかし、アドラーは次のように言います。

「**『今回が失敗だったから、次も失敗する』という思い込みは、冷静に考えてみれば、そんなことはないとすぐに気づく**」

今回失敗した通りに同じことをすれば、また同じ失敗を繰り返すことになるかもしれません。

しかし、人間には「知恵」というものがあるのです。

その知恵を使って、冷静に「今回の失敗を教訓にして、次に生かす方法はないか。

次には、もっと上手くやる方法はないか」ということを真剣に考えれば、失敗を繰り返すことはないのです。

アメリカの詩人であるヘンリー・ワーズワース・ロングフェロー（一八〇七～一八八二）は、「我々は失敗から多くのことを学ぶ」と述べています。一つの失敗は、「こういうことをすれば失敗する」ということを教えてくれます。

また、「こういう方法を取れば失敗することはない」ということも教えてくれます。

その失敗が教えてくれることをしっかり学び取っておけば、同じ失敗を繰り返すことはないのです。

このロングフェローが述べていることも、アドラーが言っていることも、同じ意味を持っています。

一度失敗したからといって、次を不安に思うことはありません。

●知恵を使って、失敗した原因を分析する。

11

「決めつけ」を取り払えば、希望を持って生きていける

人間は、自分流の主観的な判断で、間違った解釈をしてしまうことがよくあります。

アドラー心理学では、これを「**決めつけ**」と呼んでいます。

たとえば、「今回の失敗と、また同じ失敗を今後も繰り返すに違いない」と思うのも、それは自分が勝手にそう思い込んでいる「決めつけ」にしかすぎません。

実際には、その失敗から教訓を学び取っておけば、同じ失敗を繰り返すことはないのです。

また、「こんな失敗をするのは、私がダメ人間である証しだ」と、一つの失敗で自分をそのように思い込んでしまうのも「決めつけ」です。

ダメ人間だから失敗をするわけではありません。失敗は誰でもするのです。

どんなに優秀な人間でも、たくさんの失敗をするのです。

そして、「こんな失敗をした私の将来は絶望的だ」と、悲観的に考えてしまうのも

「決めつけ」なのです。

失敗からたくさんのことを学び取り、それを次のチャンスに生かすことができれば、むしろ自分という人間はその失敗によって成長していきます。

多くの人が、このような自分流の「決めつけ」によって、みずから悩んでいるのです。アドラー心理学は、このような「決めつけ」を取り払い、実際の真実に気づくことが、幸福になるために大切だと説くのです。

アメリカの神学者であるチャニング・ウィリアムズは、「失敗は、我々が前進するための訓練だ」と述べています。

「失敗することによって、人は賢くなり、たくましくなっていき、明るい未来に向かってより力強く前進していけるようになる」という意味です。

アドラー心理学に通じる言葉だと思います。

決めつけるのではなく、真実を見る。

まとめ

◎劣等感を、がんばる意欲に変える
◎自分で、自分の人生に限界を作らない。
◎強がるよりも、強くなる努力をする。
◎努力して、自分への自信を培《つちか》う。
◎自分で「ダメだ」と決めつけない。

第八章

人への不満は解消できる

1 人が自分をどう思うかに惑わされずに、自分自身のことに専念する

アドラー心理学の考え方に、

＊「自分の問題」と「他人の問題」を明確に区別する。

＊「他人の問題」で悩まない。「自分の問題」に集中する。

というものがあります。

たとえば、職場の同僚が自分の陰口を言っていたとします。

そういう事実が発覚すれば、自分とすればもちろん心を痛めることになります。

「私は、正しく生きているつもりだ。なのに、どうしてあの人は私のことを悪くいうのだろう」と悩みもします。

怒りの感情が生じてきて、どうしようもない気持ちにもなります。

しかし、アドラー心理学では、「**他人が自分のことを悪く思っていようが、良く思っていようが、それは他人の問題だ**」と考えるのです。

　そして、「**他人の問題で、自分が心を惑わされても意味がない。自分には、今自分がやるべきことがあるはずだ。他人が自分のことをどう思っていようが、そんなことは気にせずに、自分がやるべきことだけに専念することが大切だ**」というのです。結局、そういう姿勢でいることは、自分の人生のためになるのです。

　陰口を言っているという相手に気を取られて、自分がやるべきことが手につかなくなるようでは、自分自身が損をするのです。

　自分に得になることはどちらか、ということをしっかり理解して、「他人の問題」に心を惑わされてはいけないのです。

　こちらが相手にしなければ、やがて相手も陰口を言うのをやめてしまうでしょう。

　そこで悩んでいる様子を見せたら、相手は面白がって、いっそう陰口を言いふらすようになるかもしれません。

●陰口を言われても、相手にしない。

2
「ありがとう」と言ってもらえなくても、気にしないほうがいい

「あの人のために親切にしてあげているのに、あの人はちっとも私に感謝してくれない」と不満を洩らす人がいます。

身近に困っている人がいたら、親切にしてあげるのは、人間として当然のことでしょう。

しかし、そのことで感謝してもらえないなら、それはそれでいいのです。

自分自身が心を乱されることはありません。

そんなことで不満に思ったり、怒ったり、イライラするのは、結局自分自身の心にストレスが溜まっていくだけです。

アドラー心理学に従って考えれば、感謝するかどうかは「**他人の問題**」なのです。

「他人の問題」で、自分が悩むことはないのです。

自分はただ、「人間として当然のことをした」ということに満足感をおぼえていれ

ばいいのです。

それに対して、感謝するかどうかは、相手の判断に任せればいいのです。

実際、現代社会には、「感謝すること」を忘れているような人が意外とたくさんいます。親切にしてあげても感謝するどころか、「当たり前だ」という顔をして平然としている人もいます。

それ故に、「親切にしてあげたのに、『ありがとう』も言えないのか」と腹を立てている人もたくさんいるでしょう。

しかし、そんなことで腹を立てていたら、自分自身がイヤな思いになっていくばかりです。

「ありがとう」と感謝するかしないかは「他人の問題」と割り切って、あまり気にしないほうが、自分自身の心の平安のためにはいいのです。

●人から感謝されることを求めない。

3

親切からする行為を拒絶されても、気にしないほうがいい

ある若い女性には、次のような経験があります。

電車の中での出来事です。

座席に座っていると、前に年老いた男性が立ちました。

彼女は席を譲《ゆず》ってあげようと思って立ち上がりました。

しかし、その男性から、「私は立ってますから、結構です」と断られてしまいました。

彼女は、「親切を素直に受け入れてもらえなかったことに、何だか複雑な気持ちで気分が悪い」と言うのです。

こういうケースでも、気持ちを整理する上で、アドラー心理学が役立ちます。

つまり、親切を受け入れるか、それとも断るかは「**他人の問題**」なのです。

「他人の問題」で心を悩まして、自分にとっていいことは何もありません。

もちろん、せっかく親切でした行動を相手から拒絶されれば、気分は良くないでしょう。しかし、それは「他人の問題」だと割り切って、あまり気にしないほうがいいのです。

お年寄りに席を譲るという行為は、社会的な常識です。

世の中には、電車の中でお年寄りが立っていても知らんぷりをして座席に座っている若者もいますが、彼女の場合はそれを「自分の問題」として席を立ちました。

彼女とすれば「自分の問題」はきっちり果たしたのですから、それに満足すればいいのです。

その親切を受け入れるか拒絶するかは「他人の問題」なのですから、それに関して気を病む必要はまったくないのです。

それがアドラー心理学の考え方です。

●受け入れるか拒絶するかは「他人の問題」と割り切る。

4 思いやりの言葉を「よけいなお世話だ」と言い返されることもある

ある男性には、次のような経験があります。

ある日、職場の上司がとても不機嫌そうな顔をしていました。

彼は心配して「どうしました？　何かあったんですか？」と声をかけました。

すると上司から、「うるさい。よけいなお世話だ」と怒鳴られてしまいました。

彼とすれば、「あんな言い方はないじゃないか」と悲しい思いで一杯なのです。

確かに、身近な人が不機嫌そうな顔をしていたら、「何かあったのではないか」と心配するのが、人としての思いやりです。

彼の行為は正しいと言えます。それに対する対応が悪くても他人の問題として気にしないことです。

このようなケースでは、不機嫌そうな顔をしている理由については、「他人の問題」

だとして、あえて黙っているという方法もあります。

上司が不機嫌そうな顔をしているのは、上司の問題なのだから、上司が解決すればいいのです。

それは、自分とは関係ない問題なのです。

上司の問題で、部下である自分が心を乱されていても意味がないのです。

それより、自分にはやるべき仕事があるのですから、それに専念すればいいのです。

自分は「自分の問題」に取り組んでいけばいいのです。

このように「他人の問題」と「自分の問題」を割り切って、あえて「他人の問題」に口を出さないというのも、一つの方法です。

そうすれば、「よけいなお世話だ」などと言い返されて、自分自身が不愉快な思いをしないで済みます。

●不機嫌な顔をしている相手を無視しておく。

5 こちらのアドバイスに従うかどうかは、相手の判断に任せる

ある男子学生には、次のような経験があります。

就職活動をしている大学の友人から相談事を持ちかけられました。

「A社とB社から採用通知をもらっているのだが、どちらの会社に就職するほうがいいと思うか」という内容でした。

彼は友人に、「A社のほうが待遇がいいし、世間的にも名が通っている。A社に入るほうが絶対にいい」と、アドバイスしました。

しかし、結果的に、その友人はB社を選択してしまいました。

「A社のほうが待遇はいいかもしれないが、B社の仕事のほうがやりがいがある」というのが、その理由でした。アドバイスした本人は複雑な心境になってしまいました。

「せっかくいいアドバイスをしたつもりだったのに、友人は僕の言葉に従わなかった。これでは何のためにアドバイスしたのかわからない。何だか友人から裏切られたよう

に思えて腹が立つ」と言うのです。

人間関係では、「せっかくアドバイスして、相手が自分のアドバイス通りに行動しない」ということがよくあります。そのような場合、アドバイスした側とすれば、この男性のように複雑な心境になってしまうものなのでしょう。

この複雑な心境を整理する意味で、アドラー心理学が役立ちます。

アドバイスを求められた時、その相手に助言するのは、人としてのやさしさです。

しかし、こちらのアドバイスを参考にして、相手がどう行動するかは「他人の問題」なのです。その「他人の問題」に立ち入っていこうとするから、自分自身の心に不満や怒りといった感情が生じてしまうのです。

相手がどう行動するかは、相手に任せればいいのです。自分が関与する問題ではありません。そう考えるほうが、自分自身の心の平静を保っていけます。

●アドバイスはするが、相手の行動には関与しない。

6
「期待を裏切られた」という不満を、どうやって解消するか？

「部下に、期待を裏切られた」と言って、腹を立てている上司がいます。

その上司は「この社員は見所がある」と思い、熱心に仕事のやり方を教えたり、色々と面倒を見てやったりしていました。

しかし、その部下は、上司が期待していた通りの業績を上げられず、低迷していると言います。

そのことにその上司は、「期待を裏切られた」と言って腹を立てているのです。

「期待していた相手が、自分の期待通りにならない」というのは、よくある話です。

「子供の将来に期待して、学習にも多額のお金をかけているというのに、子供の成績は一向に伸びない」と、不満を持つ母親もいます。

こういった怒りや不満が充満した心を整理するためにも、アドラー心理学を参考にしてほしいと思います。

上司が部下を熱心に指導することは、上司としての義務です。それは上司の「自分の問題」です。同様に、母親が熱心に教育をするのも、それは母親としての務めです。母親自身の「自分の問題」なのです。

しかし、部下が仕事の業績をどう伸ばしていくかは、部下自身ががんばらなければならないことであり、上司にとってそれは「他人の問題」です。

同じように、子供がどう成績を伸ばすかも、それは子供自身ががんばらなければならないことであり、母親にとっては「他人の問題」なのです。

ですから、自分のすべき指導や教育はしっかりとその義務を果たして、その後、相手がそれをどう生かしてがんばっていくかは「他人の問題」として分けて考えるほうがいいのです。

そうすれば「期待を裏切られた」と、自分の感情を乱すこともありません。

●「期待に応えるかどうかは、相手の問題だ」と割り切る。

7 貸したお金を相手は遊興費に使っていた、さてどう考えるか？

知り合いに、「お金を貸してほしい」と頼まれることがあります。

そのことが原因で、人間関係がギクシャクしてしまうこともあります。

ある男性も、友人から借金の依頼をされました。

「生活に困って、借りている家の家賃も払えない。助けてほしい」と泣きつかれたのです。彼はかわいそうに思って、友人にお金を貸してあげました。

しかし、後になって、友人はそのお金を生活のために役立てたのではなく、自分の遊興費のために使っていた事実が発覚したのです。

彼とすれば、「生活に困っているというからお金を貸したのに、どういうことなんだ。遊びにお金を使うとわかっていたら、お金など貸さなかった」と、腹立たしい気持ちが収まらないと言います。

こういうケースでも、「自分の問題」と「他人の問題」を分けて考えるというアドラー心理学が、気持ちを整理するためのヒントになります。

つまり、相手のことを気の毒だと思いお金を貸すという行為は「自分の問題」です。彼とすれば、困っている友人を助けてあげるのは、友人としての務めだ、という意識を持ったのです。

しかし、貸したお金をどう使うかは「他人の問題」なのです。ですから、貸したお金を生活の足しにしようが、遊びに使おうが、それは相手次第なのです。

借金にまつわる、このような問題に関しては、結局このように割り切るしか気持ちの整理のしようがありません。アドラー心理学は、そう考えるのです。

ただし、つけ加えるなら、その友人と今後、どのようにつき合っていくかどうかは「自分の問題」です。「ああいう人とは、もうつき合えない」と思うのなら、それは自分の判断でつき合いをやめればいいのです。

●貸したお金を相手がどう使おうが、気にしてもしょうがない。

8

これだけ尽くしているのに相手は何もしてくれない、さてどう考えるか？

恋人同士や、あるいは夫婦関係では、「相手のために一生懸命尽くしているのに、相手は私のために何もしてくれない」という不満を持つことがよくあります。

つまり、「がんばっているのに、見返りが得られない」という悩みです。

ある女性には、つき合っている男性がいます。

彼女は彼氏のために一生懸命に尽くしてきました。相手を喜ばせるようなことを話し、デートのたびにクッキーを焼いて持っていったりもしました。

デートの日時も、いつも自分のほうが無理をして、相手の都合に合わせています。

彼が一人で暮らしている部屋に言って、掃除をしたり、料理をすることもあります。

そこまで一生懸命になって尽くしているのに彼は自分に対して何もしてくれないと言うのです。

そのことが彼女を苦しませているのです。

このような、いわば「見返りが得られない」という悩みを、どのようにして整理して考えればいいのでしょうか？

ここでもアドラー心理学が参考になります。

彼女は「相手に尽くすのは恋人としての務めだ」と考えて、つまり「自分の問題」として、相手に尽くしているのです。

一方で、相手が自分のために何かしてくれるかどうかは「他人の問題」なのです。従って、相手が見返りとして何かしてくれることなど気にせず、ひたすら好きな相手のために尽くす喜びだけを追い求めていくほうが、自分自身が幸せでいられるのです。それがアドラー心理学が教えてくれる幸福のヒントです。

●見返りを求めず、尽くす喜びだけを追い求める。

9

御利益を得ることばかり考えるのではなく、祈る行為に喜びを感じる

江戸時代初期の禅僧に至道無難《しどうむなん》（一六〇三〜一六七六）という人物がいます。

この無難が面白いことを言っています。

「愚かな人が多いものだ。神仏に向かって、『どうかお金持ちにしてください。ぜいたくな暮らしを好きなだけできるように、どうかご利益をください』と願う人が多い。その『願う心』を捨て去れば、たちまち幸せになれるというのに（意訳）」というのです。

至道無難が言っていることは、次のようなことなのです。

多くの人は、お金持ちになることや、商売繁盛を願って、神仏に祈りを捧げます。いわば神仏からの見返りを求めて、お賽銭《さいせん》を投じたり、一生懸命に祈りを捧げるのです。しかし、神仏は見返りを与えてくれるわけではありません。

実際に、たくさんのお賽銭を投じたにもかかわらず、事業に失敗して財産を失って

しまう人もいるでしょう。

熱心に祈っているにもかかわらず、貧しい生活から抜け出せない人もいるでしょう。

そんな時、見返りを求めていた人は、「自分は神仏に裏切られた」という思いから、いっそう苦しい気持ちになっていくことになるのです。

逆に、「願う心」、つまり下手な見返りを求める心を捨て去って、神仏に対して感謝することが大事なのです。

そうすれば「幸せになれる」と、至道無難は言っているのです。

アドラー流に言えば、神仏に感謝することは、「自分の問題」です。しかし、その見返りを与えるかどうかは神仏の側の問題なのです。本当に御利益を与えてくれるかどうかは神仏にお任せして、こちらは神仏に感謝することに専念していけばいいのです。

見返りを願う心を捨て去る。

10 ほほ笑みかけても不機嫌な顔をする相手がいる、さてどう考える？

仏教に「和顔愛語《わげんあいご》」という言葉があります。「和顔」とは、「人の気持ちをほっと和《なご》ませるような、おだやかな顔」という意味です。

「愛語」とは、「相手をやさしい気持ちにしたり、勇気づけたり、心を癒してあげる言葉」という意味です。

仏教では、「人を接する時には、この和顔愛語を心がけるようにする」ということを大切な教えの一つにしています。

もちろん和顔愛語は、相手からの見返りを求める行為ではありません。

こちらがほほ笑みかけても、相手は不機嫌そうな顔をしているかもしれません。こちらがやさしい言葉をかけても、相手から無視されるかもしれません。

しかし、相手がどんな対応をしても、そんなことは気にせず、和顔愛語によって人に接すること自体を自分自身の喜びとしていくことが大事なのです。

「愛想笑い」や「お世辞」という言葉があります。

いずれも、相手の機嫌を取り、自分に利益になる見返りを求めてする行為です。仏教の和顔愛語は、そんな愛想笑いやお世辞とは違ったものです。和顔愛語は、そんな見返りを求めない、純粋な行為なのです。

この和顔愛語も、アドラー心理学の考え方に通じるものがあるように思います。和顔愛語は他人を幸福にする行為ですが、同時にそれが自分の気持ちにも幸せをもたらすものです。ですから、これは「自分の問題」です。

一方、相手がほほ笑み返してくれるか、相手もやさしい言葉を返してくれるかは「他人の問題」です。相手がどう反応するかなど気にせず、ひたすら和顔愛語によって周りの人たちに、そして自分自身に幸福感をふりまく人間になれればそれでいいのです。

●ほほ笑みと、やさしい言葉は、自分自身も幸せにする。

まとめ

◎「他人の問題」で悩まない。
◎感謝されなくても、気にしない。
◎期待を裏切られても、怒らない。
◎親切が通じなくても、落ち込まない。
◎見返りがなくても、不満に思わない。

第九章

困難は乗り越えられる

1

過去の成功体験を思い出し、失いそうになった自信を取り戻す

人生には様々な困難があります。

「仕事が思うようにいかない」

「大きな壁に突き当たってしまった」

「大切な時に病気にかかってしまった」

「信頼していた人に裏切られた」

「夫婦関係が上手くいかない」

こういう困難に直面した時、人は思い悩みます。

時には、「私はもうダメだ」と悲観的な気持ちになります。

しかし、アドラーは、「**心理学的な見地からも正常な人は、人生の困難がやってきた時、それ乗り越えていくだけの十分な勇気を持っている**」と言います。

アドラーは、人生の困難を乗り越えていく上で重要なものは「**勇気**」だと言います。勇気を持つことが、困難を乗り越えるために必要になるエネルギーを心身に与えてくれるというのです。勇気を持つために一つのことを挙げておきます。それは、「どんな小さなことでもいいから、過去の成功体験を思い出す」ということです。

困難に直面した時、人は往々にして、自分への自信を失いそうになります。「自分は、ここで終わってしまうのではないか」という思いがしてくるのです。

その自信を取り戻す意味で、過去の成功体験、たとえば、志望大学に合格したことか、誰かにほめてもらった記憶や、表彰してもらった体験などを思い出してみるのです。

そうすることで、自信が戻ってきます。そして自信が、今、目の前に立ちはだかっている困難にぶつかっていく勇気を与えてくれるのです。

●誰かにほめてもらった記憶を思い出す。

2 これまでの自分の努力と貢献を再確認して、勇気を取り戻す

人生の困難にぶつかった時、それをはね返すには勇気が必要だと考えるのが、アドラー心理学です。

しかし、その困難が大きければ大きいほど、「私には無理ではないか」という弱気な気持ちが生じてきます。

そんな弱気な気持ちを振り払い、強い勇気をふるい立たせるためには、次のような方法が有効です。

* これまで自分がコツコツ努力してきた過程を振り返ってみる。
* 自分が色々なことに貢献してきた人間であることを再確認する。

たとえば、仕事で大きな問題に直面した時には、入社してこれまで仕事でがんばってきた過程を振り返ってみるのです。

そうすると、「こんなにがんばってきた私が、こんなところで終わってしまうはず

がない。きっと、この困難も乗り越えて、先へ進んでいけるだろう」という勇気がわき上がってきます。

また、自分がこれまで会社や取引先などに様々な貢献をしてきたことを再確認することも、勇気を取り戻すことに役立ちます。

会社や取引先のために一生懸命になって貢献してきたこと、そしてたくさんの社員や取引先から喜びの声をもらったことなどを再確認するのです。

さらに後輩や部下などの指導にも貢献してきたことを思い出すのです。そして、自分が育てた後輩や部下が今、立派なビジネスマンとして活躍していることを思い出してみるのです。

そうすることで、「こんな困難に負けてなんていられない」という勇気が湧き出してきます。

●「こんなにがんばってきた」と自分に言い聞かせる。

3 否定的な言葉は勇気を奪う、肯定的な言葉が勇気をくれる

旧西ドイツの哲学者であり教育者でもあったオットー・ボルノウ（一九〇三～一九九一）は、

「勇気とは、その人の生命力である。勇気とは、生命の根底そのものから湧き上がってくる、揺るぎのない力を持つものである」と言っています。つまり、人生の困難や問題に直面することがあっても、この「勇気という生命力」さえあれば、どんなことでも乗り越えていけると述べているのです。

このボルノウの言葉も、アドラー心理学の考えに通じたところがあります。

アドラーは、強い生命力の源泉となる勇気を得るために、次の二つの方法があるとアドバイスしています。

* **肯定的な言葉を使う。否定的な言葉を使わない。**
* **感謝する言葉を意識的に使うようにする。**

●「どうにかなる」と自分に言い聞かせる。

人生が上手くいかない時、人はつい、否定的な言葉を口にしてしまいがちです。「もうダメだ」「何をしても無駄だ」「終わりだ」といったネガティブな言葉です。

また、身近な人たちに対しても、ネガティブな文句や悪口を言ってしまいます。「あなたが悪いから、こうなった」「君の責任だ」「あの人には頭にきてしょうがない」といった言葉です。

しかし、このような否定的な言葉は、その人から困難に立ち向かう勇気をどんどん奪い取っていくことになるのです。ですから、否定的な言葉は使わず、肯定的な言葉を使うように心がけることが大切です。

「どうにかなる」「これからが勝負だ。がんばろう」といった言葉です。

また、「ありがとう」「あなたのおかげで助かった」など、人に感謝する言葉も、自分自身に勇気を与える効果があります。

4 自分がこれまで成長していることを実感し、勇気を得る

明治時代の政治家であり、また現在の早稲田大学を設立し教育者としても活躍した大隈重信《おおくましげのぶ》が、次のように言っています。

「学問は脳でするもの、仕事は腕でするもの、体を動かすものは足である。困難を乗り越え大きなことを成し遂げようと思えば、脳で培《つちか》った学問の力、腕で鍛《きた》えた仕事の力、足で鍛錬《たんれん》した体力を、すべて統合して対処しなければならない。この三つの力を統合するものが勇気だ（意訳）」と。

勇気を持つことで、困難に打ち勝つために、頭脳がフル回転し、仕事で得たノウハウや技術を十分に活用でき、また肉体的なエネルギーも湧いてくる、と言っているのです。

つまり、勇気がない人は、そのような力が生み出されないために、困難を乗り越えていけないということです。

この大隈重信の言葉も、アドラー心理学に通じるものがあるように思います。

また、アドラーは、勇気を得るために大切なことは、

「**自分がこれまで、学問的な知識の面でも、仕事の能力という意味でも、また体力的にも、以前よりも増して成長してきたことを再確認することである**」と、述べています。

自分が色々な意味で成長してきたことを自分自身で再確認することで、人間的にさらに成長していきたいという意欲が高まります。

そして、その意欲が、困難を乗り越えていく勇気を与えてくれるのです。

ただし、中高年になると、「体力の成長を実感するというのは難しい」という人がいるかもしれません。

そんな人には、ねばり強さや忍耐力の成長を再確認するようにすればいいでしょう。

●脳力と、能力と、体力を総動員する。

5 自分の原点である志を、もう一度再確認してみる

薩摩藩《さつまはん》（現在の鹿児島県）の藩主であり、幕末の政治でも活躍した島津斉彬《しまずなりあきら》（一八〇九〜一八五八）は、

「勇気のない人間は、大きなことを成し遂げることはできない」と言っています。簡単にできるようなことであれば、それほどの困難はありません。

しかし、大きなことを成し遂げようと思えば、それだけ困難も大きくなります。

その大きな困難を不安に思って、大きなことにチャレンジすることを尻込みしてしまう人もいるかもしれません。

しかし、「そのような人は勇気がない」と、島津斉彬は言っているのです。

勇気がある人であれば、どんな困難が待ち受けていようとも、大きなことに向かってチャレンジしていくものです。

この島津斉彬の言葉も、アドラー心理学に通じるものがあるように思います。

アドラーは、困難に直面した時、それを乗り越える勇気を得るため、次の二点のことを指摘しています。

＊自分自身は何をやりたいと思っているのか、自分の本心を再確認する。

＊「私は」という主語を使って、「私は～をしたい」と自分に言い聞かせる。

大きなことにチャレンジする当初は、人は「私は～をしたい」という明確な志《こころざし》があるのです。

しかし、困難に振り回されて苦労していくうちに、その原点とも言える自分の志を見失ってしまうことがよくあります。

ですから、見失った志をもう一度再確認する必要が出てきます。

自分ならではの強い志があったことを思い出すことで、困難に立ち向かう勇気も取り戻せます。

●「私は～をしたい」と自分に言い聞かせる。

6
悲観主義に陥らず、楽観的な気持ちで困難に対処する

なかなか困難を乗り越えられずに悩んでいる時、アドラーは、「**楽観的でいることが、とても大切だ**」と言っています。困難に直面すると、人は、悲観的な気持ちに陥《おちい》りやすいのです。

ですから、意識的に気持ちを楽にして、「まあ、どうにかなるだろう」と楽天的に考えていくほうがいいのです。

そのほうが困難を乗り越えていくために必要な勇気とエネルギーが生み出されます。

精神科医でありエッセイストでもあった斎藤茂太《さいとうしげた》（一九一六〜二〇〇六）は、「楽観的であるためには、客観的であることが大切だ」と述べています。

悲観的になっている人は、自分で勝手に「私の能力では、この困難を乗り越えられない」「これは最悪の状態だ」と思い込んでいるケースも多いのです。

冷静になって、客観的に分析してみれば、それほど大きな困難ではなく、また最悪の状態でもないのに、自分で悲観的な思い込みをして、みずから気持ちを悩ませているという場合も多いのです。

ですから、客観的に分析してみることによって、そのような悲観的な思い込みを打ち消すことができるのです。

「これは、たいした問題ではない。自分には、この困難を乗り越えていくだけの十分な能力がある」

「これは最悪の状態ではない。まだまだ十分に挽回《ばんかい》できる」

ということに気づかされるのです。

そうすれば、気持ちが楽になって、前向きに困難に対処していけるようになるのです。

●客観的に分析して、気持ちを楽にする。

7 客観的に考え、冷静になり、素早く問題に対処する

悲観的なタイプの人は、何か難しい問題に直面すると、悪いほう悪いほうへと考えをめぐらしてしまう傾向があります。

「責任を取らされて、きっとリストラされることになるだろう」

「そうなると収入がガクッと落ちて、妻に見捨てられることになるかもしれない」

「生活苦のストレスから重い病気になってしまうに違いない」

と、往々にして、最悪のことを考えてしまうのです。

しかし、客観的に考えれば、そんな「最悪のこと」が起こる確率は非常に少ないのです。実際には一パーセントしか起こる可能性がないことを、自分で「九九パーセントの確率で起こる」と思い込んでいる場合もあるのです。

アドラー心理学には、**「困難に対処するには、楽観的であることが大切だ」**という考え方があります。

悲観的な思い込みに自分がとらわれていることに気づき、そして思い込みを捨て去ることが、楽観的になる一つのコツです。

フランスのことわざに、「雷は鳴るたびに、落ちてくるわけではない」というものがあります。

悲観的なタイプの人は、雷が鳴ると、すぐに「自分の頭の上に落ちてくるに違いない」と最悪のことを考えます。でも、雷が実際に落ちてくる可能性は少ないのです。

そういう客観的な事実を理解することで、楽観的でいられます。

そして、楽観的でいるほうが、冷静に落ち着いて、雷から避難できる方法を考えられるのです。

このことわざも、「客観的に考えることによって、楽観的でいられる。楽観的でいるほうが、上手く問題に対処できる」ということを述べているのです。

●最悪のことばかり考えないようにする。

8

過去と未来のことを考えず、今やるべきことだけに集中する

アドラーは、困難な問題に直面した時の心構えとして、次の三点をアドバイスしています。

＊過去を後悔しない。
＊未来を不安視しない。
＊今現在やるべきことだけに集中する。

困難な問題に直面すると、人は、「あの時、私が間違った判断をしたために、今、このように悩ましい問題を抱え込んでしまった」と、過去の自分の判断や、あるいは行動を後悔する気持ちが強く起こります。

しかし、いくら後悔したところで、現状が改善するわけではありません。むしろ気持ちが落ち込んでいって、そのために事態がいっそう悪化する危険すらあります。

ですから、アドラーは、「**過去を後悔しないほうがいい**」と述べたのです。

また、問題をなかなか解決できないでいると、未来にだんだん不安を感じるようになります。

「問題を解決できないまま、終わってしまうのではないか」「自分の能力のなさを問われることになるのではないか」といったことが不安になってくるのです。

この不安も、問題を解決するための集中力を乱したり、意欲を失わせたりするなど、悪い影響をもたらすことになります。

ですから、アドラーは、「**未来を不安視しない**」とも述べたのです。

結局、問題解決のために一番大切なことは、「**今やるべきことに、意識とエネルギーを集中させる**」ことなのです。

これがもっとも早く問題を解決し、そこから先へ前進していくコツになるのです。

●意識とエネルギーを「今」に集中させる。

9 熱心に今日やるべきことに励《はげ》み、心の隙を作らない

人は、いったん過去を後悔する気持ちになると、そこからなかなか離れられません。「過去を後悔してもしょうがない」と、頭ではわかっていても、つい「あの時、あんなことをしなければよかった」と考えてしまうのです。

未来の不安についても同様のことが言えます。「未来を不安に思っても意味がない」と理解していても、ともすると「この先、どうなってしまうのだろう」という不安が頭をよぎるのです。

しかし、後悔や不安がつい浮かんできてしまうというのは、言い換えれば、心に隙《すき》がある証しだとも言えます。

心のどこかに隙があるから、そこに後悔や不安が入り込んできてしまうのです。後悔や不安が入り込まないようにするには、心の隙を埋めてしまう必要があります。

そのためには、ただひたすら今やるべきことに集中することが大切です。

仏教の創始者であるブッダは、

「過去を追うな。未来を思うな。今日やるべきことを、ただひたすら熱心になせ」と言いました。

「過去を後悔したり、未来を不安に思っていても、目的を達することはできない。目的を達するためには、ただひたすら熱心に今日やるべきこと集中していくしかない」ということです。

このブッダの言葉は、アドラー心理学の考え方に合致しています。

今日やるべきことを熱心にやり、今という時間に意識を集中させることでしか、後悔や不安が入り込んでくる「心を隙」を埋めることはできません。

怠けて何もしないでいたり、意味のない物思いにふけったりしないことです。一生懸命に頭と体を働かせることです。そうすれば後悔や不安は入り込んできません。

●ぼんやりしない、物思いにふけらない。

まとめ

◎困難を乗り越えていく勇気を持つ。
◎過去の成功体験を思い出す。
◎自分が成長していることを確認する。
◎後悔しない、未来を不安に思わない。
◎今やるべきことに集中する。

参考文献

『個人心理学講義』（アルフレッド・アドラー著　岸見一郎・訳　野田俊作・監訳　一光社）
『アドラー心理学』（野田俊作・著　アニマ二〇〇一）
『続・アドラー心理学』（野田俊作・著　アニマ二〇〇一）
『アルフレッド・アドラー　人生に革命が起きる一〇〇の言葉』（小倉広・著　ダイヤモンド社）
『「もう疲れたよ」にきく八つの法則』（岩井俊憲・著　朝日新聞出版）

アドラー博士に学ぶ
悩まないコツ

著　者　植　西　　聰
発行者　真　船　美　保　子
発行所　ＫＫロングセラーズ
〒169-0075　東京都新宿区高田馬場2-1-2
電　話　03-3204-5161(代)
http://www.kklong.co.jp

印刷　太陽印刷　　製本　難波製本

ISBN978-4-8454-0949-5

Printed In Japan 2015